奴隸變宰相的約瑟

蘇淑芬 著

東大圖書公司

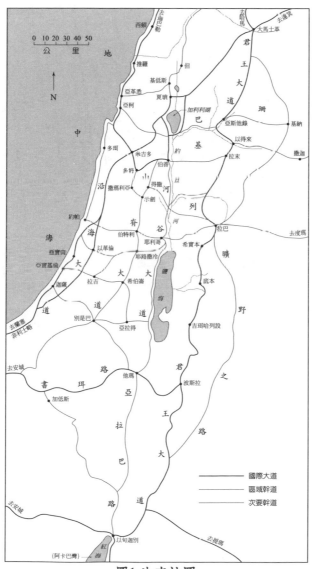

圖1.迦南地圖

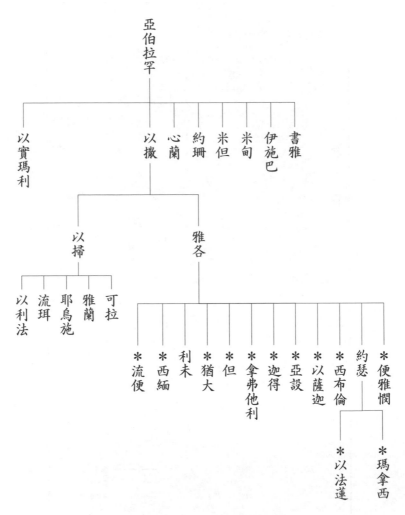

以色列十二支派譜系表。

圖2.十二支派分布圖

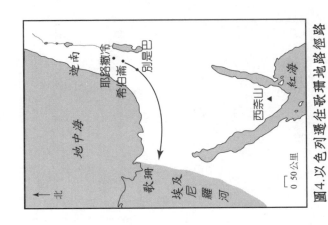

圖4. 以色列遷往歌珊地路徑路

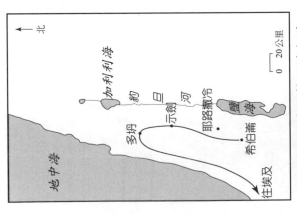

圖3. 約瑟被賣至埃及路徑路

自 序

　　小時候我在上兒童主日學時，曾學會一首兒歌，它是這麼唱的：

　　　雅各十二子，

　　　約瑟他所疼，

　　　還有便雅憫，

　　　其餘是壞子。

　　　賣約瑟去埃及，賣約瑟去埃及

　　　約瑟做官，歡請！

　　　老父前來看！

以前很羨慕故事的結局，一個被兄弟賣掉的奴隸，因為主人妻子的陷害而下監，最後竟然被提拔成為埃及宰相，這種好像青蛙變王子的神奇故事，滿足了年輕幻想的心。

　　當我稍微懂事以後，再來閱覽約瑟的故事時，深深被這位《聖經》中的人物所感動，他因著十個同父異母的哥哥們的嫉妒，而被賣到埃及當奴隸，從此一個父親的驕兒變為卑賤供使喚的異鄉奴隸，沒有地位、沒有前途、沒有盼望，沒辦法回到迦南故鄉。他悲慘的一生好像要被淹沒在陌生的國家裡。

　　然而約瑟的人生態度是不懷憂、不喪志，不把別人的錯

誤當作懲罰自己的藉口。他認真、樂觀、進取，以至於贏得主人的賞識，提拔為管家，主人信任他到什麼事都交給他做。偏偏他又承襲他母親拉結的俊美，使得主人妻子愛慕他的英挺，想與他同寢，約瑟當然不肯答應，對他主人的妻子說：「看哪，一切家務，我主人都不知道，他把所有的，都交在我手裡，在這家裡沒有比我大的；並且他沒有一樣不交給我，只留下了你，因為你是他的妻子。」可是她天天來騷擾，約瑟要逃避她「天天的試探」，因為他是有信仰的人，他說：「我怎能作這大惡，得罪神呢？」他不想得罪主人，得罪自己的身體，更不敢得罪神，做神不喜悅的事。也因著不妥協，他被陷害打入監牢。

　　再一次的不如意成為階下囚，境遇更悽慘，卻成為磨練他忍耐、等候的機會。他依然不改他樂觀進取的人生觀，「以順處逆」，仰望愛他的神，最後他遇到法老王的酒政與膳長，他們兩人同時入監，約瑟為他們解夢，並要求酒政出監時，有機會替他在法老前說說好話，稟明他的冤情。酒政一口答應，可是一出監就全忘了。約瑟再一次嚐到被遺棄的痛苦。他的心像金子一樣不斷的受錘打、熬鍊，直到變成精金。最後他從監獄被放出來為法老解夢獻策，法老發現他的智慧、聰明、加上他美好的道德情操，又有能力拯救全國的大荒災，就提拔他為掌管法老財政、國政、軍政的宰相。

　　在迦南地的哥哥們因為遇到荒災，遠從迦南的希伯崙來糴糧，才有感人的兄弟相會。約瑟面對當年出賣他、讓他受

苦十三年的手足，他沒有抱怨、復仇，他輕易的饒恕他們。
他要求哥哥們：「不要因為把我賣到這裡而自憂自恨」，他認
為凡事都有神的美意，「這是神差我在你們以先來」，為要保
全大荒災時全家人的生命。

約瑟的品德、忍耐，讓我想起《史記‧范雎蔡澤列傳》
裡的一則故事：范雎是魏國人，在魏國的須賈那裡做事，須
賈出使齊國，范雎隨行，齊襄王聽說范雎有辯才，就派人賜
給他金子十斤等禮物，范雎不敢接受，須賈知道後很生氣。
以為是范雎出賣魏國的機密，才贏得賞賜。回國後須賈嫉妒
范雎，對他非常惱怒，把這件事告訴了魏相國魏齊。魏齊聽
了怒不可遏，叫門人鞭打范雎，打斷他的肋骨，敲落他的門
牙，范雎裝死，門人用草蓆包了他，丟在廁所。當時魏齊正
在宴客，客人喝醉酒，都在他身上撒尿，故意汙辱他，用來
告誡後來的人不准洩漏國家機密。范雎請看守的人告訴魏齊
他死了，才逃出去。

范雎受了這麼大的屈辱，便改名叫張祿，逃到秦國去，
受到秦王的器重，封為相國，他為秦王獻策，主張遠交近攻。
魏國聽說秦要向東攻打韓、魏，便派須賈到秦國來遊說。范
雎聽說須賈要來，就微服私出到客館見他。須賈嚇一跳，以
為他早死了。看他這麼落魄，就送他一件厚袍子，還向他打
聽宰相張祿的事。范說張祿與他的主人很熟，可代為引見，
就把須賈帶到相府門口，他要去通報。

須賈等了半天，才知道范雎就是張祿。須賈知道受范雎

愚弄，袒衣露胸，用膝蓋跪著行走，由守門人帶去謝罪，張祿數落他一番，因為須賈送他一件厚袍子，所以他感念舊情而不殺他，但要求他回去拿魏齊的頭來，否則要血洗大梁。魏齊到處逃難，所到之處都連累別人，最後只有自刎而死。

約瑟與范雎同樣因嫉妒被出賣，最後都成為大國的宰相。范雎在魏國被鞭打後，從魏逃到秦。約瑟更慘的是遭手足無情的出賣，從迦南地到埃及當奴隸。范雎的痛苦只有他被鞭、逃亡時所承受的，而約瑟卻要忍受長達十三年的奴隸與囚犯痛苦。但約瑟選擇輕易原諒出賣他的哥哥們，范雎卻要魏齊的頭，甚至還要連累全部的魏國人。

約瑟的美德是他不管當奴僕、囚犯，他都是忠心耿耿，他不受色情的誘惑，他拒絕做對不起自己、別人的事。反觀我們的社會，網路色情的糜爛，暴戾之氣充斥，有些人稍一挫折就自殺、跳樓、殺人，從來不知道其實人生會有許多意想不到的驚喜，縱使是奴隸、囚犯，只要肯努力，加上神的祝福，也可以成為統管全國的宰相。

我在教學的當中，常發現部分學生中有許多似是而非的人生觀及錯誤的價值觀，很多都是從電視中、報紙、家庭裡學習來的，因為不正確的觀念，養成不想腳踏實地，想不勞而獲，或是一夕致富的觀念。這樣的錯誤只會腐蝕人心，致使道德淪喪。如何更新他們的心思意念，讓他們的人生走在正確與光明的大道中，這是教育很重要的一部分。

在國外不斷發生貪瀆、管理醜聞，動搖經濟，書念得越

多，危害社會越大。已經有許多先知先覺者開始覺醒，年輕的一代如果繼續沉淪，後果不堪設想。所以美國較好的大學開始將個人的品德列為篩選學生的標準。根據紐約時報報導：

> 在美國知名的商學院用來評估申請就學者的傳統要項，是學業成績、工作經歷和領導經驗等項目。但自從一連串會計和管理醜聞爆發後，許多商學院開始將誠實、道德和正直等品行，列為申請條件。
>
> 今年的八月賓州大學商學院聘請一家公司審查申請人是否誇大或謊報工作成就。前恩龍公司（一家虧空累累的上市公司）財務長法斯托取得企管碩士（MBA）學位的西北大學管理學院，也要求寫推薦信的人，詳述對申請人的觀感。
>
> 包括芝加哥大學和哥倫比亞商學院等名校，對申請人過去的歷史、薪資、職稱和責任，都進行更多調查。芝加哥大學甚至考慮請道德學家參加口試。該校的副教授麥吉爾表示，擁有完美的成績但心性殘忍的邪惡人士，絕對會被拒絕。最受矚目的當屬華頓學院與徵信業者ADP Avert的合作。華頓聘請該公司從今年八百多位入選的申請人中，隨機選出一成進行調查。ADP聯絡申請人的前雇主和推薦人，確認申請資料中的細節。

因為社會太多拋棄道德的事情，以致受害連累的人太多。有些人虛設公司，騙取投資大眾的血汗錢，有的是投入所有

棺材本，有的甚至借錢來投資，等投資者入甕後，負責人避不見面，然後捲款逃之夭夭。這些公司的負責人不是碩士就是博士，用的幌子是科技生化公司，開幕的時候風風光光，政商名流排排站著剪綵。倒閉的時候每個人關係都撇清乾淨。剩下投資者撒冥紙、丟雞蛋抗議，不然就是淚流到天明。

台積電董事長張忠謀對年輕的學生代表說:「青少年除了努力成為新世紀的優秀人才外，最重要的還要重建正快速失落的價值觀，包括正直、誠信、社會責任、勤奮、長期耕耘、守法等。」他說，正直與誠信在台積電招考新人中是最重要的條件之一。

如果道德誠實喪失，社會風氣敗壞，腐蝕人心。那我們是否要提醒年輕的一代看重品德，堅持誠實，好讓這個社會的思想、風氣更清明。

寫完這本書，我深深感謝，在這麼不景氣的時代，竟然還會有出版社勇於出版宗教勵志的書，我也要感謝我在東吳的小組、我的朋友、家人，不斷為我禱告，希望這本約瑟的傳記，能幫助一些在受苦的人重新燃起盼望，也希望社會更多注重我們的生命品德。

蘇淑芬寫於外雙溪愛徒樓

2003年3月

奴隸變宰相的約瑟

目　次

白　序

第一章

約瑟的童年

你要離開本地、本族、父家，

往我所要指示你的地去。

我必叫你成為大國。

我必賜福給你……

一、多子之家

鑽石是要經過高溫與高壓，
精心的切割，
才能展現它的閃耀亮麗；
珍珠是要經過蚌不斷的分泌，
包住那些讓它痛苦的細沙，
才能成就它的晶瑩溫潤；
在冒著火焰的熔爐裡，
在那響亮而堅忍的鐵砧上，
才能造就每個燃燒的事業與理想。

你能想像一個被人吆喝使喚，地位卑賤的奴隸，如何一下子變為位高權重的埃及宰相，這是多麼的傳奇！

約瑟的名字就是「增添」，他母親求神「再賜我一個兒子」的意思。他母親拉結，結婚後很多年才生下他，拉結很希望再生一個兒子，所以向神禱告「再賜給我一個兒子」。約瑟有十二個同父異母的兄弟，他是排行中的第十一個。

約瑟的父親名叫雅各，有四個太太，而他最鍾愛的是約瑟的母親拉結。雅各的名字就是抓住、競爭的意思。他的個性是什麼好處都想要，一點都不想吃虧。雅各有一個雙胞胎的哥哥叫以掃，他母親利百加在懷他們的時候，兩人在母腹

中就不斷的騷動，互不相讓，讓她不得安寧。她心裡很苦惱，就詢問神：「現在兩個小孩在腹中就如此相爭，互不相讓，以後怎麼辦啊？」神清楚的對她說：「兩個小孩代表兩個國家，他們在你的腹內，兩族要從你身上出來；這族必強於那族，將來大的要服事小的。」利百加心裡默記著這句話。

雙胞胎出生的時候，雅各是用手緊抓著以掃的腳跟。雖然是雙胞胎，但兩兄弟外表卻大不相似，以掃有一頭紅色的頭髮和皮膚，而且全身毛茸茸，好像穿著皮毛；雅各皮膚光滑細緻。兩人長大以後，性情也不一樣，雅各個性安靜，城府深沉，喜歡待在帳棚裡陪伴母親，幫她的忙，所以雅各得到母親的歡心。以掃人高馬大，而且粗獷好動，力大如牛，常在野外，打獵追逐，他從不知懼怕是什麼，也很少想到生命的問題。他常用弓箭獵到山羊，帶野味回來孝敬父親，是父親以撒所疼愛的。

因為雅各安靜，喜愛待在家中，他從小就留心聽父親以撒講述家族故事：說他們所信奉的耶和華神怎麼吩咐他的祖父亞伯拉罕離開故鄉，到一個陌生的地方去。他清楚的記得祖父在世時，曾跟他們說：神怎麼再三應許要把這塊迦南美地賜給他的子子孫孫，而且他的子孫要像天上的星、海邊的沙那麼多，他們要成為一個被祝福的大國。

祖父和父親所說有關神的事，以掃不是聽不懂，老是打岔，就是漠不關心，他的心根本安靜不下來，他好動的個性只喜歡外出去打獵、鬼混。

　　長子的名分對猶太人來說，是非常寶貴的，長子不只可
以成為一家之主，還可繼承雙倍的財產，並且有居住在迦南
地的福氣與權利。

　　以掃雖然是長子，可是他卻一點都不珍惜這名分，雅各
常想這長子的名分，給以掃多可惜啊！如果自己得到長子的
名分，能承受土地與祝福該多好呢！他期望自己的子孫能有
居住迦南地的權利，他心中設法要奪去以掃長子的名分。

　　迦南地天氣何等炎熱，人們只利用早上、傍晚和晚間工
作，中午休息。在這個炎熱的中午，樹蔭下的大帳棚裡，雅
各正忙著煮紅豆湯。

　　迦南地的紅豆有點像豌豆，不過顏色是紅色或褐紅色。
雅各煮好一鍋的紅豆湯，好待會兒配著麵包吃。

　　忽然，有人揭開帳棚的門簾。雅各擡頭一看，原來是他
的哥哥以掃剛打獵回來，渾身是汗。他又餓、又累、又渴，
一進門就倒在椅子上，汗流浹背累壞了。

　　以掃看到雅各在煮香噴噴的紅豆湯，讓飢腸轆轆的他口
水直淌。他就對雅各說：「我快累昏了，請你給我一碗紅豆湯
喝。」雅各想到機會終於來了，一邊攪拌著紅豆湯，一邊趁機
提出交易條件慢條斯理的說：「可以啊，但你要用長子的名分
來交換。」

　　當雅各這麼要求時，以掃竟然沒有說：「什麼？就為了這
一碗紅豆湯，你敲詐啊？獅子大開口啊？」以掃餓昏了，他原
本就不在乎什麼長子的名分，哪能有什麼好處呢？現在口乾

死了，更管不得什麼名分了。他很輕率的一口答應說：「我都快餓死了，這長子的名分對我有什麼用呢?」就很乾脆的發誓賣掉他長子的名分，坐下來吃喝，然後站起來就走了。雅各如願的得到這名分。

在中東的風俗中，也有兄弟間因為貧窮或是種種因素，買賣長子名分的事，不過像以掃這樣，為一碗紅豆湯和一些餅，便賣掉長子的名分，願意放棄一生最重要的家族領導權、繼承權的，未免太輕率了。

其實許多人像以掃一樣，沒有考慮到家族繼承權的重要。沒有想到做一個決定，可能影響一生或子孫代代。很多人沒有把人生最重要的事，當作最重要的事看待。每天窮於追逐，有時甚至不知道自己要追求什麼，看到什麼就獵取什麼，常常追逐到精疲力竭，生命枯乾。有時只為眼前的一點小利益就出賣自己的靈魂、時間、體力、良心，也許可能得到一些金錢，或小小的成就，然而內心卻空虛不滿足，在忙碌當中，甚至失掉最寶貴的健康及家庭親情。

以掃出賣長子的名分之後，終日在外，與周圍的迦南人鬼混，不久就娶了兩個赫人的女子為妻。那個時代的人通常是多妻。以撒和利百加曾經警告過以掃，異族通婚的問題。可是他不聽。這件事讓他母親利百加很煩心，因為雅各的祖父亞伯拉罕很不喜歡他們和當地人通婚。

亞伯拉罕是猶太人的祖先，他出生的時代相當於我國的夏朝（約西元前2200年前後）。他原名亞伯蘭，以後神為他改

名叫亞伯拉罕，就是多國之父的意思。他的妻子原名撒萊，
以後也按照神的吩咐，改名為撒拉，是公主的意思。

亞伯拉罕的家族原來住在今天伊拉克首都巴格達西南約
三百五十公里的吾珥。吾珥在當時已經是天下的首邑，考古
中還發現當時有用磚砌成的高大的神殿、學校、樓房，也有
四輪車的租約，可見生活水準很高，交通發達。當地人崇拜
多神，尤其是拜月神，亞伯拉罕的父親名叫他拉，還在城中
事奉其他的神。

有一天，神揀選亞伯拉罕，呼召他離開迦勒底的吾珥。
亞伯拉罕就帶著他太太撒拉、他父親他拉和他弟弟的兒子羅
得等親人，一家扶老攜幼離開物資豐富的吾珥，他們走了一
段很長的路程，來到米所波大米的哈蘭，發現這裡水量充沛，
綠草如茵，就住在這邊。他父親他拉最後也死在這裡。

有一天，耶和華神對亞伯拉罕說：「你要離開本地、本族、
父家，往我所要指示你的地方去。我必叫你成為大國。我必
賜福給你，叫你的名字顯為大；你也要叫別人得福。為你祝
福的，我必賜福與他；那咒詛你的，我必咒詛他。地上的萬
族都要因你得福。」亞伯拉罕因著神的話離開哈蘭，那時他已
經七十五歲了。他根本不知道神要帶領他往哪裡去。他只是
憑著信心，經過一段走走停停很長的旅行，神才帶領他到迦
南美地（紫紅色之地，因當地人製作紫紅色染料而得名）。亞
伯拉罕聽信神的應許，為了他自己的後裔能建立大國，他反
對與異族通婚，恐怕帶來種族混雜，而且迦南人道德墮落，

生活淫亂敗壞，生活思想、信仰和他們大不相同。

亞伯拉罕為了不要他的兒子以撒和迦南當地的女子通婚，他慎重其事的，差派他的老僕人以利以謝，帶著貴重的聘禮，長途跋涉，回到哈蘭，給以撒迎娶他兄弟拿鶴的孫女利百加。所以利百加也謹記亞伯拉罕的吩咐，她心裡不高興以掃娶外邦女子為妻。

雖然大兒子以掃給以撒帶來不少麻煩，但以撒仍是深愛著以掃，以撒心裡常想：「我剩下的日子不多，不久就要過世。在我去世之前，我要為長子以掃祝福。」所以他決定按照傳統，想在臨終前為以掃祝福（猶太人的傳統是父親年老時，要祝福嫡長子）。利百加卻把希望放在雅各身上，她常常想到當初她懷孕時，耶和華神對她說的話：「將來大的要服事小的。」

有一天，利百加聽見以撒對以掃說：「你到田野裡去打獵，回來後就煮些野味來給我享用，我要為你祝福。」以掃很高興，他曾經懊悔為一碗紅豆湯丟了長子的名分，他心裡想這回如果得到父親的祝福，必能要回長子的福氣。

利百加偏愛雅各，以掃已經夠她煩的，她決定在雅各身上找回希望，趁以掃出門後，趕緊叫雅各殺了兩隻肥美的小山羊為以撒煮一頓豐富的料理。雅各猶豫了一下，說：「母親，我可不敢這麼大膽，萬一父親發現了怎麼辦？他會咒詛我的。」

利百加為他壯膽，說：「不要怕，萬一他發現了，就讓他咒詛我好了。我的孩子，去吧！」

利百加還拿出以掃最好的衣服給雅各穿，因為以掃全身

是毛，所以利百加就用山羊羔的皮包在雅各的手上和頸項的光滑處，然後叫雅各端出香噴噴的料理，到他父親以撒那裡偽裝是以掃，欺哄父親得到臨終前的祝福。

以撒已經一百歲了，眼睛幾乎瞎了，什麼也看不見了，不太肯定他是否是以掃，就問他是否是以掃？雅各回答說：「是啊！我是你的長子以掃，我已經照你的吩咐打好獵了。請起來吃我的料理，好給我祝福。」以撒懷疑他怎麼動作這麼快。雅各為了取信以撒，又瞎掰說：「因為耶和華你的神使我遇到好機會。」以撒對雅各說：「我兒，你近前來，我摸摸你，好確定你真的是我的兒子以掃？」雅各挨近以撒，以撒用顫抖的雙手一摸，摸到他身上羊羔的毛，像以掃的手，就自言自語的：「聲音是雅各的，可是手卻是以掃的手。」他有點懷疑，又再問一次：「你真是我兒子以掃嗎？」雅各就騙他說：「我是。」以撒說：「你遞給我野味吃，我好給你祝福。」以撒一吃到香噴噴的料理，又喝了美酒，便真以為是以掃，就說：「我兒，你上前來與我親嘴（親嘴，在當地有如我們的握手問安）。」雅各就上前與父親親嘴，並跪在他父親面前，他父親一聞到他身上的香味，就把雙手放在他的頭上，祝福他說：

　　我兒的香氣如同耶和華賜福之田地的香氣一樣。
　　願神賜你天上的甘露，
　　地上的肥土，
　　並許多五穀新酒。

> 願多民事奉你，多國跪拜你。
>
> 願你作你弟兄的主；
>
> 你母親的兒子向你跪拜。
>
> 凡咒詛你的，願他受咒詛；
>
> 為你祝福的，願他蒙福。　——〈創〉二十七：27-29

雅各的父親祝福他的田地肥沃，而且雅各要作他兄弟和多國的主，更重要的是重申神對他祖父亞伯拉罕的祝福，要臨到他身上。雅各的詭計得逞了。

　　他雙胞胎哥哥以掃高高興興的打獵回來後,也做了料理,要求他父親給他祝福，他父親嚇了一跳，說：「你是誰？」他說：「我是你的長子以掃。」以撒大大的害怕說：「你未來以前，是誰得了野味拿來給我呢？我已經吃了，為他祝福，他將來也必蒙福。」以掃聽了他父親的話，就放聲痛哭，說：「我父啊，求你也為我祝福!」以撒說：「你兄弟已經用詭計將你的福分奪去了!」以掃發現所有的好處都被雅各騙光了，內心充滿焦慮、懊惱與苦毒，放聲大哭說：「他名叫雅各就是騙子的意思，他已經欺騙我兩次了，他從前奪去了我長子的名分，你看，他現在又奪了我的福分。」以掃又說：「我父啊! 你難道沒有留下為我可祝的福嗎？」以撒回答以掃說：「我已立他為你的主，使他的弟兄都給他作僕人，並賜他五穀新酒可以養生。我兒，現在我還能為你做什麼呢？」以掃對他父親說：「父啊，你只有一樣可祝的福嗎? 我父啊! 求你也為我祝福!」

以掃哭得更大聲了，他幾乎歇斯底里，他喪失所有長子的祝福。後來，以掃的後代以東人就多次臣服雅各的後代以色列人。

從此以掃心裡怨恨雅各，揚言等父親過世後，一定要追殺他。有人把以掃的話告訴了利百加。利百加怕他們倆兄弟鬩牆，造成家庭不安。利百加心裡就想了一個計謀，她想只要雅各逃到巴旦亞蘭的哈蘭，她哥哥拉班家中住些時日，等以掃氣消了，就可以回來。所以利百加就說服以撒，她的理由是：「我因以掃娶赫人的女子，我都煩死了，如果雅各也娶赫人的女子為妻，像這樣吵吵鬧鬧，我們之間很多生活作息、思想都不相同，我活著還有什麼意思呢？」利百加不願意雅各也娶外邦女子為妻，在這事上，以撒與利百加的看法相同。他們就打發雅各到舅舅家去。

利百加絕沒想到一個甜蜜的家庭，因為父母的偏愛，演變成兄弟成仇，哥哥要追殺弟弟，雅各要連夜逃亡到舅舅家。這一去要花二十年的時間，從此母子再也沒有見面的機會了，雅各甚至無法為她送終。

雅各離開迦南地

以撒叫了雅各來，給他祝福，並再三囑咐他說：「你不要娶迦南的女子為妻。你趕快起身往巴旦亞蘭去，到你外祖父彼土利家裡，在你母舅拉班的女兒中娶一女為妻。」

以撒是個大財主，但他們並沒有用僕人和駱駝送雅各去，像以前亞伯拉罕派他的僕人為他兒子以撒娶親那樣。他們怕

惹火以掃，增加他的怒氣。臨去前，以撒為雅各祝福說：「願全能的神賜福給你，使你生養眾多，成為多族，將應許你祖父亞伯拉罕的福賜給你和你的後裔。」

　　雅各手裡拿著一根牧羊人的杖，口袋裡帶了一瓶油，少許乾糧，就倉惶的逃離開家，他根本沒見過拉班，只是聽他母親利百加的描述，她的娘家在巴旦亞蘭的哈蘭，又名米所波大米，位於幼發拉底河和它的支流哈伯河以西的地方，土壤肥沃。

　　在烈日下、在彩霞中、在星空下，白日或黑夜，雅各淒涼落魄沒命的往北逃，他必須忍受乾燥悶熱的沙漠地，餐風宿露獨自行在曠野裡。每個晚上他躺在堅硬的地上，望著滿天繁星，想念父親、母親，擔心哥哥隨時會出現把他殺了。他更怕路上有毒蛇猛獸，一口把他咬了，他心裡懊惱騙得長子的名分又有什麼用？反而落得亡命天涯的下場。

　　他常常在飢餓、疲累與不安中。

雅各在伯特利遇到神

　　雅各不知走了幾天，來到一個名叫路斯的地方，周圍都是岩石的山丘，和他的迦南家園平坦的牧場大不相同。晚上他躺在路旁，走了一天路，他非常疲累，腳底都起了水泡，四周是一片死寂與黑暗，偶爾有一二聲野獸的吼叫聲，叫人害怕。他望著星空，心裡很想家，就用一塊石頭枕在頭下，在那裡躺著睡著了。

　　雅各做了一個奇怪的夢，夢見一個梯子立在地上，梯子的頭頂著天，有美麗的天使在梯子上，上上下下地走來走去。耶和華神就站在梯子頂端，對他顯現說：

> 我是耶和華，你祖亞伯拉罕的神，也是以撒的神；
> 我要將你現在所躺臥之地賜給你和你的後裔。
> 你的後裔必像地上的塵沙那樣多，
> 必向東西南北開展；
> 地上萬族必因你和你的後裔得福。
> 我也與你同在。
> 你無論往哪裡去，
> 我必保佑你，
> 領你歸回這地，
> 總不離棄你，
> 直到我成全了向你所應許的。——〈創〉二十八：14–15

　　雅各從這個奇特的夢中醒過來，當時的人認為面對面看見神的人必會死亡，他竟然還能活著。所以他感到既驚奇又害怕，更多感激。他以前曾聽說神和他祖父亞伯拉罕、他父親以撒講話，他把它當作有趣的故事聽聽而已，沒想到此時在他最落魄的時候，神竟然會直接和他說話，安慰他，鼓勵他。而這個平凡的地方，竟然是神聖的所在，耶和華的天使在這裡上上下下。耶和華神親口答應要給他這塊土地當作基

業，而且要使他得福，也要與他同在，無論他到哪裡去都要保護他。他戰戰兢兢的說：「耶和華神真在這裡，我竟不知道！」又說：「這地方何等可畏！這不是別的，乃是神的殿，也是天的門。」

當天空射出第一道陽光時，雅各趕緊把所枕約七呎高的石頭舉起，豎立起來作為柱子，澆油在上面。當時的人用柱子當作立約的記號，澆油是象徵神聖的儀式。這個夢對他意義太重大了，他在孤單的環境中，前途茫茫內心無助時，他祖先的神竟然向他顯現了，無形中增強他的勇氣、力量與意志力，而且這個神不再只是他祖父、他父親的神，而是跟他有直接的關係，是他的神了。他就給那地方起名叫伯特利，意思是這裡是神的殿。

依照雅各的為人，他喜歡占便宜，免不了要和神有一番討價還價，他跟神許願說：「神若能在我所行的路上保佑我，又給我食物喫，衣服穿，使我平平安安地回到我父親的家，我就必以耶和華為我的神。我所立為柱子的石頭也必作神的殿；凡你所賜給我的，我必將十分之一獻給祢。」他不改他的本性，他所記掛的事，是「神若」……又給我……使我……，他都是有條件的，要求將來有食物吃、有衣服穿，能平安回來，反正神要先盡祂的一份祝福，他才要回報他這一份，就是從神所祝福的，取出十分之一奉獻給神。

雅各完全清醒後，心中已經不覺孤單了，至少有神答應與他同在，他覺得大有安全感。他不停的繼續走了好多時日，

一路上他思想神的話，說無論他往哪裡去，神都要與他同在，又要平安帶領他歸回迦南地，好像旅途多個伴，這使他安心不少。

雅各離開伯特利，繼續往東北走，來到哈蘭附近的郊野，看見田間有一口井，井旁有三群羊一直咩咩叫，等著喝水。井口上有一塊很大的石頭。為了防止風把沙土吹進井裡，而且也怕水源被先到的人用完，他們的習俗是要等到大家都聚集後，牧羊人多了，才能合力把石頭推離井口，讓羊群飲水，隨後又把石頭推放在井口的原處。

雅各看到那幾個牧人，就急著問：「弟兄們，你們是哪裡來的？」他們說：「我們是哈蘭來的。」那地方就是雅各舅舅的家。雅各說：「你們認識拉班嗎？他平安嗎？」他們說：「平安。」並指著遠處說：「看哪！拉班的女兒拉結領著羊群來了。」

雅各與拉結相遇

雅各遠遠的看到拉班的女兒拉結，趕著群羊來到井旁。年輕衝勁十足的雅各迫不及待要展現自己的神勇，不等到大家全聚集，就趕快獻殷勤，用他驚人的力量把井口的石頭推開，給拉結的羊群喝水。

這些日子以來，雅各害怕被哥哥追殺，餐風宿露，跋山涉水、擔心受怕，路上常遇到野獸豺狼突襲，險些喪命，千辛萬苦的，好不容易看到第一個離家後的親人，雅各再不能抑制自己的情感了。他激動的告訴拉結：「我就是你的表兄雅

各，也是以撒和利百加的兒子。」說罷，他就與拉結親嘴，而且放聲大哭。

雖然拉結的臉蒙上帕子，雅各的眼睛一碰觸到拉結那雙水汪汪，閃爍著光芒、魅力的大眼睛，一種莫名甜蜜、溫暖的感覺，全浮上心頭。路途上所有的勞累、恐懼、困難，都一掃而空，內心終於可以得到安歇。

拉結也感到這位素未謀面的表兄，既熱情、勇敢又強壯有力，他們很少有親人來訪，年輕的表哥長途跋涉到哈蘭來投靠他們，理當要熱情招待。她就帶著雅各並領著羊群，一同回到她父親的帳棚，在帳棚前，她就迫不及待的向父親喊著說：「父親！你妹子利百加的兒子來了。」拉班聽見就趕緊跑去迎接素未謀面的外甥雅各，抱著他與他親嘴，領他進入自己的家。

全家人看到雅各都很高興，替他打水洗去多日來的灰塵。並且烹煮美食好解決他多日行走在曠野的飢餓。大家圍坐著談論著他母親利百加的近況，他們在迦南生活的情形。拉班還告訴雅各，當初他祖父亞伯拉罕怎麼老遠的派他的僕人來這裡為以撒迎娶利百加的事。

雅各和他們同住一個月。拉班家所有大大小小的事，雅各都熱心幫忙到底，這小伙子年輕、有力又勤勞。拉班不久就發現雅各的眼睛都停留在拉結身上，他繞著拉結轉，樂意幫拉結任何忙，他與拉結相處的時候特別多話有勁。他終於知道雅各真正的企圖。

　　拉班是個鐵算盤，他想到多年以前亞伯拉罕派他僕人來迎娶利百加時，是帶著名貴的禮物，金環、金鐲、銀器、衣服等聘禮，而眼前這位迦南地來訪的小子雖然手腳俐落，工作認真，可是他逃出時手上沒帶什麼金錢禮物，沒有戒指、或珠寶華服，他可不會白白讓他占便宜的。

　　拉班眼看雅各那麼賣力的工作，就對雅各說：「你雖是我妹子的兒子，我們是骨肉至親，但你可不必白白服事我，我們還是明算帳吧。你告訴我，你要我給你什麼呢?」拉班不是個省油的燈，他要雅各自己提工資。

　　拉班生有兩個女兒，大的叫利亞，小的叫拉結。利亞姿色平淡，最主要的是她眼睛單調沒有神采。拉結婀娜多姿，有著水汪汪、迷人的大眼睛，長得甜美俊秀，人見人愛。

雅各深愛拉結

> 我妹子，我新婦，你的愛情何其美!
> 你的愛情比酒更美!
> 你膏油的香氣勝過一切香品! ——〈雅歌〉四：10

> 愛情，眾水不能熄滅，
> 大水也不能淹沒。 ——〈雅歌〉八：7

　　雅各非常喜愛拉結，而且他父母曾叮嚀要他在舅舅家找一個女兒結婚，現在既然拉班要他提工資，他就對拉班說：

「我深愛著拉結，把她嫁給我，我會善待她，我願意為你的小女兒拉結替你工作七年。」雅各開出這個高得離譜的價碼，遠超過當時的聘金，他愛拉結，甚至願意為她付出任何的代價。

拉班算一算划得來，反正肥水不落外人田，他很高興的說：「好啊！我把她嫁給你，勝過把她嫁給別人，你就與我同住做工吧！」

雅各就因為拉結的緣故，賣力的為拉班工作七年；他因為深愛拉結，再怎麼勞苦的工作，只要想到再忍一天就過了一天，就很快可以和拉結結婚了，那些勞苦就不算什麼，所以他看這漫長的七年如同幾天。

七年後，雅各請求拉班說：「我已經為你工作七年了，求你把我的妻子嫁給我，我好與她同房。」

拉班一口答應，當晚，按照他們的合約，大擺筵席，把哈蘭這地的親友都請來了，熱熱鬧鬧的慶祝雅各新婚。

中東的婦女臉都要蒙上帕子，只露出眼睛。晚上狡猾的拉班就把大女兒利亞送到雅各的帳棚裡。在黑暗中雅各根本分不清楚誰是誰，又喝了許多酒，就高高興興的領她進入結婚帳棚與她同房。拉班同時將婢女悉帕給女兒利亞作使女。

雅各受騙

到了早晨，陽光照射進來，雅各從幸福中睜開眼睛一看是利亞，大吃一驚，喊道：「糟糕了！受騙了！」他氣急敗壞的跑去與拉班理論說：「你向我做的是什麼事呢？我服事你七

年，不是為拉結嗎？你為什麼欺騙我呢？」

　　雅各從前耍手段騙哥哥、騙爸爸，現在終於輪到他被騙了。拉班吃定雅各愛拉結，就理直氣壯的說：「我們這地方的規矩是大女兒還沒有嫁給人以前，是不能先把小女兒嫁給人的。」拉班以風俗為藉口編了一個理由，雅各聽到實在是啞巴吃黃連。

　　雅各還是很生氣，非得到拉結不可，拉班只好說：「這樣吧！你如果真心愛著拉結，你可以等七日後，我就把拉結送給你，可是你要為她再替我工作七年。」

　　他深愛拉結，決定答應拉班的條件再為他工作七年。雅各與利亞的婚筵擺了七日以後，拉班果真將女兒拉結給雅各為妻。同時拉班也按照當地的傳統將婢女辟拉給女兒拉結作使女。

　　雅各一下子就擁有四個太太。他愛拉結勝過愛利亞。每天與拉結有說有笑甜甜蜜蜜的，他眼中根本就沒有利亞。利亞得不到丈夫的寵愛，非常傷心。可是神不偏待人，神讓利亞很能生育，接連生了四個兒子名叫流便（就是有兒子的意思）、西緬（就是聽見的意思）、利未（就是聯合的意思）、猶大（就是讚美神的意思）。這些兒子成為不得寵的利亞的安慰。

　　偏偏拉結膝下無一子。在當時婦女不能生育是一件可恥的事。拉結很著急，眼見自己的姊姊有四個強壯的小男孩，自己卻連一個小孩也沒有，為了爭寵，就叫自己的婢女辟拉與雅各同房，辟拉生了兩個兒子叫但（就是伸冤的意思）、拿

弗他利（就是我與姊姊在競爭中得勝的意思）。

　　利亞看見拉結為了孩子的事和她爭風吃醋，也叫雅各與她的使女悉帕同房，悉帕也為雅各生了兩個兒子叫迦得（就是萬幸的意思）、亞設（就是有福的意思）。

　　以後利亞再為雅各生了兩個兒子名叫以薩迦（就是價值的意思）、西布倫（就是同住的意思），後來又生了一個女兒，名叫底拿（復仇的意思）。

拉結生約瑟

　　時間過了好久，拉結想盡辦法生育，終於神顧念拉結，使她懷孕生子，她很高興的說：「神除去了我的羞恥」，拉結心中充滿幸福，就給孩子起名叫約瑟就是增添，意思說：「我真是喜樂，願耶和華再增添我一個兒子。」現在拉結已經除去不能生育的羞恥，轉為對神的讚美，她渴望神能再賞賜給她一個孩子。

　　雅各在巴旦亞蘭已經住了十四年，他從孤單一人到擁有四個妻子及十一個孩子，他的內心很想念故鄉，想結束寄居客旅的生活，帶著妻兒離開，回去探望他多年不見的父母。

　　但是根據這裡的風俗，雅各初到哈蘭時，拉班還沒有兒子，雅各和拉班所訂以婚約為條件的約定，使雅各好像入贅般，成為財產法定繼承人。後來拉班的妻子給他生了個兒子，因此雅各不再是財產第一繼承人。拉班當然疼愛自己的兒子，女兒是潑出去的水，女婿更是外人，所以雅各的待遇遠非從

前，每天好像永遠有做不完的事，卻得不到任何好處，活像個廉價勞工。他開始對拉班抱怨說，在神豐富的祝福下，拉班坐擁羊群，而自己出盡勞力，卻一無所有。現在礙於合約的規定他竟然是有家歸不得。

雅各眼見自己年紀也一把了，孩子又那麼多，工作那麼多年卻是兩袖清風，所以再次對著拉班抱怨。拉班說：「再住一陣吧。」拉班知道因為是神祝福雅各，使他有能力照顧好羊群，自己才會發達昌大，而雅各是打著燈籠找不到的好工人，他勤勞負責。所以他決定不讓雅各離開他，說：「你老實說你要多少工資呢？」

雅各說：「我只要羊群中，凡是黑的、有紋、有斑、有點的都算為我的工資。」

拉班本想討價還價，但一聽到雅各的條件，覺得真是個好主意。因為有顏色混雜的羊和黑色的羊，在羊群中只是一小部分。所以拉班忘了討價還價，馬上一口答應說：「好啊！就按照你的話算。」因此他們定了一個新的合約。

新的合約是要讓雅各能擁有自己的畜產，所以拉班在現有的牛羊群中，事先挑出有紋的、有斑的公山羊，有點的、有斑的、有雜白紋的母山羊，和黑色的綿羊，都交給自己兒子們以及他的手下牧養，又使自己和雅各相離三天的路程，隔開自己的羊群不和雅各沒斑點的羊相混。

拉班已經把有斑有點的種羊都帶走了，雅各就要想辦法創造環境，要在一小部分沒斑點、紋路的羊群中，讓牠們生

出帶斑點的羊群，才算為他的工資，這可是很困難的。

雅各聰明得很，他胸有成竹的拿著楊樹、杏樹、楓樹的嫩枝，將皮剝成白紋，使嫩枝露出白的來。當春夏交配期，肥壯的羊群發情的時候，雅各就把嫩枝插在水溝裡，使羊對著露白的嫩枝交配。當秋冬時，羊群瘦弱，要交配的時候，雅各就不插露白的嫩枝。這樣，瘦弱的羊就歸拉班，肥壯羊的就歸雅各。於是雅各得了許多的羊群、僕婢、駱駝和驢，財產豐碩。

拉班認為這種工資對他很不公平。他想：「從前，所有生下來的小羊羔都是我的，現在有點、有斑紋的，我一隻也得不到。」他很後悔了。於是，他跟雅各討價還價說：「我要改條件。這樣好了，凡是生出有斑、有紋、有點就算我的，其他的給你。」拉班很精明，他希望下次生的有斑、有點的小羊都是他的。可是下次生下來的小羊羔都沒有斑點，所以小羊又全是雅各的。拉班嚇了一跳。他叫雅各來說：「還是恢復原來的合約規定吧，有斑、有紋、有點的都歸你，其他的歸我。」拉班不斷的反反覆覆改變心意，一共改了十次之多。結果雅各的牲口不斷增加，而拉班卻一無所獲。

雅各回鄉

雅各為拉班整整工作了二十年，這次他從新的合約中得到許多的羊群財富，他的牲口比舅舅的多了。這使得拉班的兒子對他懷有深深的敵意，岳婿的關係更加惡化，因為他們

認為他實在狡詐，遲早有一天會奪走他們所有的財產。

　　有一天，耶和華神就對雅各說話，指示他回父家，並應許要與他同在。雅各聽到拉班的兒子說：「雅各把我們父親所有的都奪了去，並藉著我們父親得到這一切的榮耀。」小舅子們更是對他懷恨在心，又看到到岳父的臉色大不如前，對他愛理不理的。因此雅各思念家鄉的念頭洶湧澎湃，他不知道父母親還健在嗎？他根本沒有他們的消息，母親利百加曾經答應只要他到平安的時候，就會打發人來接他，但是一直沒有消息來。他根本不知道原來母親已經死了。他知道回鄉的時機到了，因此他決定回故鄉希伯崙去看看親人，就勸說他的妻子們與他逃走，獲得妻子們的支持後，趁著岳父出去剪羊毛的機會，帶著妻兒，聚集他所有的羊群、牛群、駱駝離開巴旦亞蘭，回故鄉去了。

　　約瑟那時還是個嬰孩，他在母親的懷裡，等母親累了，再由使女們輪流抱著。這是個遙遠的路程，晚上他們就在帳棚裡過夜。

　　三天以後，有人告訴拉班說，雅各和他的妻兒們逃跑了，還偷走他家中的神像。這座神像原本的意義是，如果女婿持有家中的神像，可以在法庭上要求繼承權。拉班發現事態嚴重，大發雷霆說：「我非把他們追回來不可，他若是不肯回來，我就留下他的財產。要走他只能空手走，他的牛羊都得歸我所有。」拉班帶著一夥壯丁快速追趕。雅各的牲口多，走得很慢。他們之間的距離越來越近。拉班想，再過一夜，就可以

追上，但神卻在夢中對拉班說：「你要小心，不可傷害雅各，因為我不許你這樣做。」

　　在追了七天後，拉班在基列山才追上雅各。

　　他們見面的時候，拉班很生氣的指責雅各：「你為什麼偷偷的逃走，並不告訴我，叫我可以歡樂、唱歌、擊鼓、彈琴地送你回去？又不容許我與外孫和女兒親嘴？你所做的事真是愚昧！我手中原有能力害你，只是你父親的神昨夜對我說：『你要小心，不可刁難雅各，找他麻煩。』現在你雖然想回你的父家，為什麼又偷了我的神像呢？」拉班答應只要把神像還給他，就不加害雅各。

　　雅各根本不知道是拉結順手牽羊偷走神像，理直氣壯的回答拉班說：「我擔心你把你的女兒從我身邊奪去，所以我們就逃跑了。至於你的神像，你在誰那裡搜出來，就不容誰存活。當著我們的眾弟兄，你認一認，在我這裡有什麼東西是你的，就拿去。」雅各無心的這句話，拉結卻真的在途中生完便雅憫，就因病早死。

　　拉班決定給他們教訓，就一個帳棚搜到另一個帳棚，翻箱倒櫃搜索雅各的財產，搜到拉結時，她把神像放在她的駄簍裡，很鎮靜的坐在上頭，對她父親說：「我父啊！現在我正生理期身體不方便，不能在你面前起來，求我父不要生氣。」這樣，拉班搜尋神像，竟一無所獲。拉結偷竊神像是企圖為丈夫爭取一些利益。她不知道拉班早已取消他與雅各間的這種利益關係。

　　雅各看到拉班急著迫趕他，要他面對司法，又找不到偷神像的證據，也發火了，就嚴厲的反擊岳父的誣賴，他說：「我有什麼過犯，有什麼罪惡，你竟這樣火速地追我？我在你家這二十年，你的母綿羊、母山羊沒有掉過胎。你羊群中的公羊，我沒有喫過，被野獸撕裂的，我沒有帶來給你，是我自己賠上。無論是白日，是黑夜，被偷去的，你都向我索賠。我白日受盡乾熱，黑夜受盡寒霜，不得合眼睡覺，我常是這樣。我這二十年在你家裡，為你的兩個女兒服事你十四年，為你的羊群服事你六年，你又十次改了我的工資。若不是我父親以撒所敬畏的神，就是亞伯拉罕的神與我同在，你如今必定打發我空手而去。神看見我的苦情和我的勞碌，就在昨夜責備你。」

　　拉班聽完，想到雅各長篇大論的細述二十年為他做牛做馬，連被偷、被野獸撕裂的牛羊，都要雅各自掏腰包賠償，所以讓拉班獲利極多，而他卻貪財背信，改了雅各十次工資，他也相信神與雅各同在，還在夢中對他說話，不要刁難雅各。拉班實在無力反駁，雖然不甘心只好與雅各另定了合約。雅各拿起一塊石頭立作柱子，又對眾弟兄說：「你們堆聚石頭。」他們就拿石頭來堆成一堆。這個石頭的紀念碑，對他而言是「脫離勞役的永久證言」。

　　雅各與拉班就在神面前起誓，彼此不再跨越石柱向對方尋仇，而且雅各要善待拉班的女兒。拉班和女兒、外孫親嘴後，並給他們祝福。在晨曦中，和平的離去。

　　拉班的威脅已經拋諸腦後，雅各知道他遲早要面對一個他親手製造的敵人——哥哥以掃。他逃離家園時，哥哥以掃要殺他的話，言猶在耳。因此他想盡辦法來消弭這場仇恨。他計畫用禮物打動哥哥的心。他派人去送信息給哥哥，說自己在巴旦亞蘭工作二十年的情形，現在要回故鄉了。僕人回來報信說哥哥要帶四百個人來。

　　雅各很擔心、懼怕，而且愁煩，他以為以掃是要來滅他和他的妻兒。便計畫把他的財產、家人分做兩批，他自以為聰明的說：「如果以掃擊殺這一隊，剩下的那一隊還可以逃避。」

　　雅各擔心被他哥哥殺了，沒辦法可想，只好求告神。他謙卑地承認神所賜給他的一切祝福，都是他不配得的；在面臨危險時，他切切的懇求神拯救他。

　　次日，雅各從他所有的物中挑出禮物，要送給以掃，看是否能因禮物減少他多年的怨恨，讓兩兄弟和好。他所送的禮物有母山羊二百隻，公山羊二十隻，母綿羊二百隻，公綿羊二十隻，小的駱駝三十隻，母牛四十隻，公牛十隻，母驢二十匹，驢駒十匹；一共有五百多頭牲口，是非常貴重的禮物。他將禮物交給僕人，然後分批出發，由僕人走在他前面見以掃。

雅各與神摔角

　　晚上到雅博渡口時，他急忙打發兩個妻子，兩個使女，和十一個兒子，都過了雅博渡口，只剩下他一人沒有過河，

他停在河北面的營地。

這是個孤單、讓人害怕的夜晚，他單獨一人坐在月光下，想到二十年來他所躲避的人事，今天都要重新面對，他實在需要力量與勇氣。忽然有一個人前來和他摔角，兩人推來推去直到黎明。雅各努力要勝過那人。那人見自己勝不過他，就向他顯明自己是從天上來的，並在雅各的大腿窩摸了一把，他的大腿窩在摔角的時候就扭傷了。雅各仍是死不鬆手，好像當年出生時抓住哥哥以掃的腳跟一樣。

那人其實就是神，神怎麼可能勝不過雅各呢？其實是因為雅各是一個企圖心很強的人，他不擇手段想用自己的聰明、智慧就可以得到一切。他努力用自己的勞役娶妻、用自己的策略對付拉班、用自己的禮物討好哥哥以掃，神讓他盡情發揮自己的血氣之勇，不過神伸手一摸，雅各大腿就扭傷了，雅各才知奮鬥努力了一整夜，看來是贏家，事實上是輸家。

那人說：「天黎明了，容我去吧！」雅各這時知道祂是從天上來的，他不會放過任何有好處的機會，他知道這人一定能幫助他度過難關，就緊抓著他說：「你不給我祝福，我就不放你去。」

雅各和以掃真是大不相同啊！以掃只為了一小碗的紅豆湯，就出賣尊貴的長子名分。雅各卻拼命爭取，現在又爭取得到祝福。

那人說：「你名叫什麼？」他說：「我名叫雅各。」

那人說：「你的名不要再叫雅各，要叫以色列；因為你與

神與人較力，都得了勝。」隨後就為他祝福。在這次奇妙的經歷中，雅各明白他遇見了神，他的名字從「雅各」改為「以色列」。「雅各」是抓住、爭取、搶奪、排擠的意思，「以色列」就是神的王子、與神一同治理。從此雅各改變了，他的心、生命完全改變。

猶太人亡國二千年後，復國的時候，他們就選定這個名字，成為他們國家名號。

雅各還給這地方起名為毗努伊勒，意思說：「我面對、面見了神，我的性命仍得保全。」

太陽剛出來的時候，雅各渡過雅博渡口，來到他家人那裡，他們看到他的腿瘸了，從此他終生瘸腿。

直到今日，以色列人不喫動物大腿窩的筋，因為那人摸了雅各大腿窩的筋。

雅各與以掃相見

雅各與妻兒們走了一程，一片塵沙飛揚，原來以掃來到。雅各心驚肉跳，他不知道被他欺哄過的以掃會怎樣相待他。他按照計畫把全家分開來，改為三支隊伍，兩個使女及他們的孩子走在最前面，然後是利亞和她的孩子在後邊，最後是拉結與約瑟。他心想如果前頭發生什麼事，拉結與約瑟還可以趁機逃跑。

雅各看到哥哥便走到最前頭，他一連七次俯伏在地，懇求他哥哥的諒解。以掃從駱駝背上下來，他上前迎接雅各，

摟住他並與他連連親嘴。已經經過二十年了，所有恩怨情仇，都在擁抱、親嘴，放聲大哭中一筆勾消，煙消雲散。他們原本就是同胞雙生子啊！他最先是辭謝雅各用來討好他的禮物，經雅各再三懇求後才勉強接受。為了確實證明兩兄弟復合，以掃提議陪雅各走完他的行程。

雅各得到以掃溫和寬大的諒解後，縱然是高興的淌下淚水，仍然無法接受以掃的建議，雅各仍未改舊習，不直接告訴哥哥，自己發誓要回迦南地去，他找了一些藉口，叫哥哥先回到西珥去，他隨後就跟到，兩人才分離，雅各卻慢慢地走向疏割，往迦南地走。以掃則同西珥山去了。

雅各一家在疏割停留了幾年，以後向南行的途中經過示劍（分開的意思），雅各的女兒底拿被示劍地的男子看見，就拉住她，與她行淫，玷辱她，並想要娶她為妻。那時雅各的兒子們正在田野牧養群畜，聽到這件事，覺得妹妹被欺侮了十分憤怒，為了復仇雪恨，老二西緬和老三利未主謀設計要把底拿嫁給那人，藉口說：「示劍的人要行割禮（割包皮），是與神立約的記號。」當示劍男子傷口還在疼痛時，卻和眾兄弟大大的屠殺示劍人，並擄掠那城，搶奪他們的羊群、牛群，和驢，並城裡田間所有的，又把他們一切財產、孩子、婦女，和各房中所有的，都全擄掠了。

雅各是以騙起家的，兒子們似乎也學到他的狡詐欺騙，因此使得雅各一家在示劍有臭名。雅各一家在示劍再也混不下去了。雅各又再次陷入性命危險的恐懼中。這一家人做了

這些惡事，神仍是憐憫他們，就對雅各說：「起來！上伯特利去，住在那裡；要在那裡築一座壇給神，就是你逃避你哥哥以掃的時候向你顯現的那位。」

雅各就對他家中的人並一切與他同在的人說：「你們要除掉你們中間的外邦神，也要自潔，更換衣裳。」他們一家人就沐浴更衣，保持乾淨，除掉家裡惹神討厭的偶像，並且在思想上、行為上保持聖潔，然後敬拜神。等這些潔淨手續辦好後，神憐憫這一家人，神蹟似的使四周城鎮的迦南人驚慌，不敢再追擊雅各一家人。他們才能平安到達伯特利，就是神的家。

雅各在伯特利停下來，並築了一座壇，在柱子上奠酒、澆油。神又再一次對他顯現，重申對他的祝福，將來有一族和多國的人民從雅各而生，又有君王從雅各而出。因此雅各在那裡敬拜一路與他同在、幫助他的神。

拉結去世

他們一行人再往南走，還未走到希伯崙他父親以撒住的地方時，離以法他還有一段路程，拉結難產。拉結這個美麗動人的女子，雅各為了娶她，看七年勞役如同幾天。被騙娶利亞後，又甘願做了七年不受薪的工。她雖然擁有雅各的深情相愛，卻不是一個十分幸福美滿的妻子，她為了與姊姊爭寵，叫自己的使女與雅各同房，處處想盡辦法得兒子、得寵愛，雖然神最後給她一個兒子，取名約瑟，現在又要再賜給她另一個兒子。

　　拉結得到她想要的，不料卻因此失去她的性命，她的死亡為過去種種努力畫下一個哀怨的句號。當她正在困難、痛苦的分娩，接生婆對雅各說:「不要怕,你又要得一個兒子了。」

　　拉結奄奄一息時，給兒子取名便俄尼，意思是我愁苦的兒子，孩子一生出後她就死了。她被埋葬在又稱為以法他的伯利恆附近。伯利恆就是一千多年後，耶穌基督降生的地方。

　　對拉結的死，雅各內心非常悲痛，他失去他的最愛，但他不抱怨命運的坎坷，不怨恨神為何取走她的生命，更不遷怒無辜的孩子。他用正面的眼光看人生。他不喜歡拉結為小兒子取的名字是這麼悲苦，所以為他改名便雅憫，是右邊之了，尊貴、看重，人生有倚靠的意思。

　　雅各剛失去愛妻，不久又「失去」長子流便，因為雅各起行前往希伯崙途中的以得臺,在那邊支搭帳棚居住的時候，流便竟然與雅各的妾辟拉發生亂倫，不久這醜聞就傳到雅各的耳中。可是他卻悶不吭聲，他已經失去了當父親的權柄，敢怒不敢言，這個家庭表面很和樂，裡面卻是暗濤洶湧。不同母親的孩子相互較量爭寵，關係惡化。

　　經過走走停停，最後雅各帶著兒子們和他的牛羊財產終於抵達希伯崙，他父親以撒的家。以撒當時已經一百六十多歲了，看到離家二十年的雅各心中不知有何等高興。他和雅各及他的孫子們共同生活了二十年才死，他常常教導雅各及孫子們，有關耶和華如何揀選他父親亞伯拉罕的事，並應許他們要承受迦南地為基業，以後他們要成為大國。

以撒死時一百八十歲，以掃從西珥回來，和雅各一同把以撒埋葬在麥比拉洞。亞伯拉罕、撒拉和利百加都埋葬在那裡。這個墳地是亞伯拉罕花四百舍客勒向赫人買來的。

二、童年的夢

在迪士尼世界開幕的典禮上，有一位來賓說：
真可惜迪士尼先生不能看到迪士尼世界的完成，
沒有看見今天的開幕盛況。
但是迪士尼夫人卻站起來說：
不！迪士尼先生早就看見了；
事實上外面迪士尼樂園的完成，
是先完成在迪士尼先生的心裡。
是的，人類是因夢想而偉大。

約瑟十七歲（約西元前1898年）以前，都住在他列祖所住的迦南地——希伯崙的幔利，希伯崙是同盟、友誼的意思。現在的阿拉伯人稱此地為「朋友」，因為約瑟的曾祖父亞伯拉罕被稱為神的朋友。

當時約瑟的哥哥們都已經成人了。約瑟聰穎過人，母親又早逝，他從小就飽受父親的寵愛。他常與同父異母的哥哥們一起牧羊，當他們的助手。但是利亞的兒子們因為父親曾寵愛約瑟的母親多過自己的母親，現在又偏愛約瑟，因此故

意孤立他，不和他來往，偶爾講講話，也是對他粗聲粗氣，沒好臉色。所以約瑟較常與父親的妾辟拉及悉帕的兒子們在一起。

愛打小報告

約瑟與哥哥們一起牧羊，看到哥哥們偷懶，有時羊群走丟了，也不打算去尋找；天氣人熱，就躲著納涼，有時候和其他牧人無理的爭吵。約瑟常常無法忍受哥哥們的惡行惡狀，就老實不客氣的一五一十向雅各報告。哥哥們當然很生氣，因為自己的母親失寵，已經覺得父親不夠愛他們了，誰又願意人家說閒話，破壞父親對他們的印象？縱使那真的是他們的惡行，他們抵死也不承認，他們覺得約瑟愛搬弄是非，愛告狀，故意挑撥離間他們在父親心目中的形象。

雅各想到約瑟是他年老所生的，每回看到約瑟那雙炯炯有神的大眼睛，就想起已逝的愛妻拉結，他曾經為愛拉結，寧可毫無怨言的服事她父親十四年，想到拉結在夕陽下餵羊群喝水時的笑靨，拉結輕聲細語的溫柔，拉結的名字的意思是「羔羊」，她就像羔羊一樣的溫順美麗，一想到她，所有的甜蜜全浮上心頭。約瑟承襲了母親的溫順、聰明與俊美。雅各對拉結日日思念，恨不得對約瑟多一點愛。他愛約瑟當然遠勝過其他的兒子們。

這點雅各還沒有從自己的父母——以撒和利百加身上學到教訓，當初雅各的母親利百加就是偏愛雅各，而且聯合雅

各騙取父親以撒的祝福，以至於雅各要逃避親哥哥以掃的懷恨、追殺。流落在外二十年，才能回到故鄉來。而且再也見不到親愛的母親利百加的面。父母的偏愛，時常導致其他兒女嫉妒和憎恨被偏愛者，雅各的偏愛使約瑟成為其他哥哥攻擊的對象，失寵者也往往造成自卑，個性偏頗的行為。

彩衣恩怨

有一天，雅各親手為約瑟做了一件長袖的彩衣，就像現今埃及人所穿的白薄袍，寬長及足踝，下襬及袖口用彩線繡著鮮豔美麗的花紋，穿起來好像開屏的孔雀一樣的燦爛，飄逸的長袍，多麼悠閒高貴！讓他的哥哥們從遠處就可以看到他，羨慕他、更嫉恨他。

這種名貴的長袍通常只有王公貴族、富家子弟才有資格與能力穿。哥哥們平常是牧羊的，偶爾羊迷路了，還要跋山涉水，踏過泥濘的草地去尋找迷羊；有時還得與惡獸、盜賊對抗，才能把走失的羊揹回家，通常全身都是髒兮兮而且疲倦不堪的。因此他們都穿深色，式樣簡樸，袖短褲直，耐髒垢的粗布衣，以免礙手礙腳，工作不便。

在那個時代，父親的意願就形同法律。雅各為約瑟做的這件彩衣，簡直是宣布：約瑟可以當貴公子，可以養尊處優，有特權，不用做苦重的勞役，他的身分、地位跟哥哥們不一樣。

更糟糕的是，彩衣真正代表的意義是：他可以繼承雙倍的遺產和家族領導的地位。哥哥們很生氣，認為父親是極度

的偏心，他們的嫉妒就像泉水噴湧，甚至蔓延。哥哥們都恨約瑟，常常擺臉色給他看，孤立他，無論約瑟如何表達友善，他們都對他懷有敵意。

夢幻少年

年輕的人都愛編織美夢，希望自己前途燦爛，有天能飛黃騰達，凌駕他人，受眾人景仰。約瑟穿著美麗的彩衣，自認為像王子般的尊貴，不僅常常編織美夢，而且他真的做了夢。

有一天，他很興奮的告訴從遠處牧羊回來的哥哥們說：「哥哥們請聽我昨夜所做的夢：我夢到我們在田裡捆禾稼，我的禾捆起來站著，你們的禾捆就圍著我的捆下拜。」

哥哥們已經夠累了，夠不滿他了，一聽見他的話差點氣死，心想他憑什麼說這些話！他只會穿那件彩衣招搖，哪會捆什麼禾捆！愛做夢的人，竟然幻想自己就是全家人的重心！

他們很不服氣的說：「難道你真要作我們的王嗎？難道你真要管理我們嗎？」「什麼我們要向你下拜，簡直是胡說八道，癡人說夢話嘛！」他們就因為他的夢和他的話越發恨他。

單純的約瑟好像還沒有警覺哥哥們的恨意。後來他又做了一夢，又迫不及待的告訴他們說：「看哪，我又作了一夢，夢見太陽、月亮，與十一個星星向我下拜。」

約瑟沾沾自喜的將這夢告訴他父親和他哥哥們，再一次預告他會坐高位，連星星、月亮、太陽都要向他下拜。這回連他父親也受不了他，這簡直是顛倒家中的父子倫常，就責

備他說:「你作的這是什麼夢! 難道我和你母親、你弟兄果真都要俯伏在地, 向你下拜嗎?」雖然雅各責備他, 卻把這話存在心裡。因為當時人們認為: 夢常是神預告著人們將要遭遇到的事。但約瑟的哥哥們妒火中燒, 他們對他這種養尊處優、驕傲狂妄又自以為是的態度, 早已經是忍無可忍了。

雅各歷代世居希伯崙谷, 這裡有十分肥沃的土壤, 牧草鮮嫩, 泉水、井水都豐富, 但是雅各家的牛羊眾多, 附近大片的草原已經不敷使用。雅各的眾子們不得不拓展放牧的範圍, 甚至為了現實的需要, 不得不冒險闖入示劍人的地盤。

三、示劍尋兄

保持心地純潔!
你將享有無限的喜樂;
毫無痛苦,
你將如詩人所詠歎那般,
全然美麗、芳香、莊嚴、優雅。
陽光燦爛的白日, 星月皎潔的夜晚。
天堂世界的喜樂,
哦, 保持心地純潔!

　　　　　　　　　　　　　　──吉爾德

以前當雅各從舅舅拉班家回到迦南地的途中, 曾經來到示劍城, 他女兒底拿被示劍的男子強暴後, 想娶她為妻。那

時雅各的兒子們聽到妹妹被姦淫，十分憤怒，設計屠殺示劍人，並擄掠他們的財產、孩子、婦女。所以示劍人對他們恨之入骨，發誓報仇。

因為有這份流血的深仇，雅各擔心兒子們到仇家的地盤放牧，會遭到什麼不測。他們出去後，熱鬧的家庭也突然安靜許多。雅各雖然最愛約瑟，但對其他孩子的關愛一點也不少，心裡很記掛兒子們的安危。

當時陪伴在雅各身旁的只有約瑟與便雅憫，雅各已是個歷盡滄桑的老人，把他們留在身邊，實在是深愛拉結，兩個孩子是他年老所生的，捨不得他們到曠野牧羊暴露風霜與獅子猛獸相搏鬥。約瑟年十七歲，便雅憫還年幼，他覺得兩個失去母親的孩子格外需要他的愛，所以一直不肯讓他們出去放牧。

日日的煎熬、思念、擔心，幾經掙扎後，雅各只好叫約瑟來說：「好久沒聽到你哥哥們的消息，去看看你哥哥們和牲畜的安危，然後回來報告他們的消息。」

約瑟穿上了他美麗的彩衣，雖然知道哥哥們不友善，而且示劍又是危險地，但他還是帶著父親的祝福與期待，離開希伯崙谷，往示劍去了。

示劍地勢很高，土地肥沃，沿途除了岩石山壁，就是綠油油的草地，和清澈的泉水，所以牧羊人常喜歡趕羊群到這地方來放養。

約瑟離家以後向北走，爬過高山峻谷，走過曠野綠洲，

走了五十多公里路，終於到了示劍。四處尋找哥哥們，就是找不到他們的影子。走到最後連他自己都在田野中迷路了。他已經分不清楚方向，在亂草堆中有一點慌亂，一直喊著哥哥們的名字，還好有人遇見約瑟在問路，就問他說：「你找什麼？」

他著急的說：「我找我的哥哥們，這些日子你有沒有看到他們？求你告訴我，他們在哪裡放羊。」

那人說：「前幾天他們就已經走了，我聽見他們說要往多坦去。」多坦離示劍約三十多公里路。

轉往多坦

約瑟一心記掛著哥哥們的安危，父親再三的叮嚀，常在他腦海盤旋著。既然哥哥們已經離開危險的示劍，他應該可以回去向父親交差了。但是他的內心還是愛著哥哥們，他一點也不敢耽擱，趕緊起身去追趕他的哥哥們，天未亮就趕路，不怕烈日的曝曬、沼澤的危險，以及夜晚的獸吼，果真走了一天多的行程，到了多坦。

哥哥們遠離家園在多坦牧羊，最大的樂趣就是日落的時候，當涼風吹在身上，幾個兄弟圍著一起唱唱歌，講講每個人小時候的事。但是一提到約瑟，就想起他時常打小報告，破壞父親和他們的感情，還有他那些不切實際的夢，簡直是故意提高自己的身分。他們就不約而同的咬牙切齒、怒火中燒。

　　事情就是那麼巧，這天當哥哥們在居高臨下的多坍放牧時，正在談論著家中的事，剛提到約瑟時，遠遠的看見那不是討人厭的約瑟嗎？好像毒菌一樣，他為什麼老遠的跟來？幾個兄弟趁他還沒有走到跟前，大家就七嘴八舌的說起約瑟的壞話，越說越氣，胸中的怒火在燃燒著，他們同謀要如何修理這個討厭的人、要害死他，才能一消心頭之恨。

　　他們彼此說：「你看！那個作夢的來了。」「來吧！我們除掉這個眼中釘，將他殺了，丟在一個坑裡，就告訴父親說有惡獸把他喫了。我們再睜眼看看他那無聊的夢將來怎麼實現。」哥哥們計畫要殺死他，然後藉口推說被野獸吃了，來結束他那個荒謬的夢。

被丟到坑裡

　　大哥流便聽見了弟弟們的計謀，心裡很不安。他覺得約瑟雖然令人討厭，但也不至於要親手殺死他，他試圖要阻止兄弟們的毒計，想救約瑟，就說：「不可！我們千萬不可害他的性命」，又說：「不可使他流血，那邊不是有個坑嗎？我們可以把他丟在這野地的坑裡，不可下手害他。」兄弟們還以為他要把約瑟活活餓死渴死呢！

　　流便因為血氣方剛曾經與父親的妾辟拉同寢過，玷汙了他父親的床，以至於失去了大哥的尊嚴與地位，得不到父親的寵愛，也得不到弟弟們的敬愛。他是這次放牧的負責人，他覺得必須要對老父負責任，或許還可挽回在家中的地位。

所以他提出這個計謀。

「好，就這麼辦。」大家都同意。

陽光穿過雲層，嬌豔的照射在全地，約瑟揮著汗，終於到了他哥哥們牧羊的多坍。「哥哥們，你們好。」約瑟興高采烈地說：「好不容易找到你們了，我找你們找得好累。你們大家都好嗎？羊群都好嗎？」他以為哥哥們一定會很高興，誇讚他一個人走那麼遠的路，既勇敢又盡心。

沒想到他們連問候的話一句都沒說，也沒有跟他擁抱親嘴，忽然全擁上前去，剝了他的彩衣，把他丟到黝黑、枯乾像深井的坑內。可憐的約瑟走了那麼多里路，又累又渴，就莫名其妙的被扔到深坑裡，真是生氣、害怕、驚慌，他聲嘶力竭的呼喊，不知道自己做錯了什麼！一直哀求他們，「哥哥們！求你們救救我，放了我！」他哀求他們看在老父的份上救他上來。

哥哥們忿忿的說：「叫什麼叫！看你以後再做什麼夢？告什麼狀？」「讓你嚐嚐痛苦的滋味，你就不敢天天穿著彩衣在那裡招搖了！」任憑他在坑中淚流滿面，喊破了喉嚨，都沒有人理他。

嫉妒是何等的可怕，它可以侵蝕人的心，使人做出一生後悔的事。《聖經》說：「嫉妒是骨中的朽爛。」（〈箴言〉十四：30）「忿怒為殘忍，怒氣為狂瀾，惟有嫉妒，誰能敵得住呢？」（〈箴言〉二十七：4）因為兄弟的嫉妒，使他們不顧手足之情，不怕傷害父親的心，更不怕行逆天的事，爆發不可收拾

的摧毀力，就生出罪惡來。如果他們試圖溝通化解，彼此在愛裡包容，傷害的毒素就會消失無形。

約瑟被賣

哥哥們做了傷天害理的事，仍能昧著良心坐下若無其事的喫飯。約瑟在坑裡，已經嚇得忘了肚子一直咕嚕叫，可是什麼也沒得吃。

忽然遠處的羊群發生了推擠，又有外地來的牧人發生推擠搶水草的事，流便不得不被喊過去處理羊群，他心裡想：「等他們都吃完飯，過來照顧羊群的時候，我就偷偷地把約瑟從坑裡拉出來，然後把他送回父親那裡。」

遠遠的山谷揚起一片塵沙，駝鈴聲越來越響亮。哥哥們舉目觀看，不久看見有一群駱駝和一隊商人，原來是有一夥米甸的以實瑪利人（以實瑪利是亞伯拉罕跟他的妾夏甲所生的兒子），他們從基列來，用駱駝馱著香料、乳香、沒藥（香料名稱），要帶到埃及去作買賣。

四哥猶大看到了駱駝商隊，心生一計，就對眾弟兄說：「兄弟，我想到一個好主意，說給你們聽聽。約瑟是來監視我們的，好回去向父親打報告。我們殺了我們的兄弟，流了他的血，對我們有什麼益處呢？我們不如將他賣給以實瑪利人當奴隸，這麼一來，既可以擺脫他，又可以不殺他，豈不是兩全其美？你們認為怎麼樣呢？」

眾弟兄想想這是拔除眼中釘的好方法，可避免流血，既

有錢賺，又能除去心頭大患，就說：「好極了！這個主意好，我們就這麼辦。」

在當時曠野中的游牧民族，以實瑪利人是以買賣奴隸維生。

當這些商人的駝鈴聲漸漸靠近哥哥們的牧羊處時，約瑟的哥哥們就叫住他們，問他們要不要買一個強壯的奴隸？他們真是求之不得，有個奴隸一路可以幹活，等到了埃及還可以把他賣掉，豈不是一舉兩得嗎？

「好，把他賣給我們，你們說個價錢吧。」

哥哥們和商人們討價還價了半天，講定二十兩銀子（相當現在一百多元），就把約瑟賣給他們。

哥哥們趕快縋下一條繩子，把約瑟從坑裡拉上來。約瑟出坑後，心裡想哥哥剛才一定跟他開玩笑的，終於可以重見天日了。萬萬沒想到竟然是要把他賣給人當奴隸，太多的驚恐接連而來。他不知道他們為何要這麼做，奮力的掙扎著。那些人用力的綑綁他，他一再苦苦的哀求哥哥們放他回去父親那裡。他想這一去就離開迦南故居，甚至可能一輩子看不到父親和弟弟，還要過著與以前迥異的奴隸生活，就放聲呼喊。

「父親啊！父親啊！救我！救我！」

哥哥們都像鐵石心腸一樣，他們不但不可憐他，反而嘲弄他。他們粗魯地拉住他，把他交給買主，以實瑪利人立刻緊緊把他綁住，免得他逃跑。不管他願不願意，他都得跟著

走。約瑟怎麼反抗也無濟於事。在反抗時，以實瑪利人還抽打他。哥哥們彷彿沒有聽到弟弟的呼喊與眼淚，甚至心中還有一種報復後的輕鬆與快感。

駱駝的隊伍，單調的駝鈴聲，一直向前走，風沙飛揚中，約瑟淚眼回頭望著哥哥們，他們好像沒發生過任何事般。不久他就消失在蒼茫的暮色中。

過一些時候，大哥流便回到坑邊，打算暗暗的把約瑟救出坑來，卻發現坑怎麼是空的，他嚇得魂不附體以為約瑟被他們殺掉了。心裡很自責與震驚，馬上跑去問弟弟們：「約瑟在哪兒?」

「我們把他賣了。」他們笑著回答：「說不定就快到埃及了。」

他沒想到他們都這麼狠心，就撕裂衣服，說：「你們為什麼要這麼做? 約瑟不見了，我怎麼辦啊! 怎麼跟老爸爸交代啊?」他知道父親最愛約瑟，而他身為老大，父親一定會責問他的。可是他竟然無能為力。

血染彩衣

眾兄弟們為了掩飾罪行，就商量宰了一隻公山羊，把約瑟的那件彩衣染了血，打發人送到他們的父親那裡，說：「我們撿了這個；請認一認是不是你兒子的外衣?」冷酷的哥哥們連約瑟的名字都不想提。

雅各當然認得這件美麗的彩衣，看到被撕裂的彩衣上，

沾滿了血，就哭哭啼啼的喊著說：「這是我兒子約瑟的外衣。有惡獸把他噢了，約瑟被撕碎了！約瑟死了！我也死了！」

雅各悲傷至極，便撕裂自己的衣服，腰間圍上麻布，為約瑟悲哀了許多日。他的兒女看他每天悲悲慘慘的哭泣，都來安慰他，但都沒有用。他說：「我必悲哀著下陰間，到我兒子那裡。」約瑟的父親為他不斷的哀哭。

雅各沒想到過因為自己的偏愛，引起兒子們的不滿，鑄下了殺機，如果兒子們有謀殺罪的話，那他其實也是幫兇。以前他欺騙自己的兄長，利用哥哥打獵回來太累了，用一碗紅豆湯騙去長子的名分，又穿上羊皮，使老眼昏花的父親誤以為是雙胞胎哥哥的手，而給他寶貴的長子祝福，沒想到現在卻被自己親生的兒子們騙了。

約瑟的哥哥們以為除去眼中釘，卻要每天吞噬著自己的罪惡，但是他們不能也不敢將實情告訴父親，他們相信有一天，父親必會忘記約瑟，止住悲傷。

反省與應用

一、對自己的兒女，我是否公平對待，不比較、不偏心，每天用欣賞
　　的眼光發覺他們的長處？常常肯定他們的優點？

二、嫉妒比偏袒和搬弄是非更具有破壞性，我是否嫉妒兄弟的成就，
　　或朋友升遷比我快？

三、我是否關愛手足，接納他們的優缺點？還是看錢財勝於手足之情？

四、我是否敬重我的兄長？願意冒險去尋找他們？

第二章
約瑟被賣到埃及

駱駝的隊伍，單調的駝鈴聲，
一直向前走，風沙飛揚中，
約瑟淚眼回頭望著哥哥們，
他們好像沒發生過任何事般。
不久他就消失在蒼茫的暮色中。

一、在波提乏家中

人格的形成和建立，

取決於日常工作的態度，

我們的一言一行，一顰一笑；

我們的舉止態度，

我們的消遣活動，

以及交往的朋友，

這些小事能代表──

我們在神眼中的價值，

決定我們一生的──

不是扭轉乾坤的大事；

塑造我們命運的，

也不是驚天動地的瞬間，

乃是每天發生在周遭的例行公事。

人格是個人長久的內省和改善的收穫，

也是堅苦的錘鍊、勇敢與信心的結果。

　　約瑟隨著米甸的以實瑪利的商人隊伍沿著海邊的路繼續向南走，這條路離希伯崙並不遠，會經過希伯崙附近，雅各住的地方。約瑟多麼希望在途中能遇到他的父親或者熟人，只要能見到一個人就好了，可以託他帶個口信給父親。可是

事與願違，他所盼望的並沒有發生。

　　商隊繼續從約旦河的淺灘直通往地中海的大道。這條是巴勒斯坦的主要通道，銜接基列及約旦河東岸與地中海岸的交通。一旦抵達海岸，就可順著河岸往南穿過非利士，而到達尼羅河口。這些駱駝商人，從基列載運乳香、沒藥等盛產於東巴勒斯坦的香料，轉售到埃及，因為埃及人習慣以香料塗屍體製造木乃伊。

　　日出日落，風吹塵揚，約瑟聽著單調的駝鈴聲，走過乾燥的沙漠地，或是翠綠的沙洲，每走一步，他的心就多一些懼怕、沉重、痛苦，離家越來越遠，景物越來越不同，終於來到肥美的埃及。

　　尼羅河每年的氾濫滋潤兩岸的田地，翠綠的草原，豐富的農產，顯出國家的富裕與美麗。然而他的心中卻越發淒涼，多想與老父訣別，悲酸交織的思緒，淚水涔涔的流著，恐怕這輩子都再見不到他了！擔心小弟便雅憫會不會也慘遭毒手？

　　商人把約瑟戴上腳鐐手銬，將他帶到到埃及的奴隸拍賣場。當時尼羅河上游以及中非洲地區，都需要挖溝渠以利農耕，興建金字塔、或蓋氣勢宏偉的神殿，因此需要大量的勞工。從各處被騙來、賣來、抓來的奴隸，都被關在一處，等著被拍賣。

　　一臉俊秀、眼睛有神的約瑟，在一堆黝黑的奴隸中，顯得那麼出眾。一眼就被法老的內臣，官階極高的護衛長（王室侍衛長）波提乏看上。他出了高價從那些以實瑪利人手中

買下他。

　　波提乏出身貴族世家，是埃及法老王的要臣，蒙法老王寵幸，住在寬敞的華屋中，家裡畜養了不少的奴僕。

　　剛開始約瑟就與一堆買來的奴隸擁擠的住在一塊，他還不習慣自己已經是奴隸的身分。以前在他父親的家裡，擁有眾多的牛群、羊群，及有伺候他的僕人，每天生活在迦南蔚藍的天空，碧草連天、花香四溢，河水、泉水湧流。他又是父親寵愛的孩子，根本不用為衣食操心，簡直像個小王子一樣。現在竟然要當受人吆喝、成為伺候人的奴僕，而且生活在不同的國度，周圍的人所講的每句話都聽不懂，甚至連所拜的神都大不同，約瑟全家只拜獨一的神耶和華，而埃及所拜的神可多著呢！舉凡蛇、青蛙、牛、羊、老鷹、尼羅河、法老等等，人們都誠心膜拜。

亞伯拉罕之約

　　約瑟住在他主人波提乏的家中，剛開始有的奴隸看他是外國來的，還會欺生，故意把繁重的事讓他做。有的奴僕想偷雞摸狗，混水摸魚，他們心裡想用什麼方法可以少做一點事，多得一點休息與利益。但是約瑟和他們不同，他忠心耿耿一點也不馬虎，被誤解、被虐待，他都一臉笑容任勞任怨。他內心敬畏神，不因哥哥們的陷害，當奴隸而自棄自憐，或跌入怨恨的深淵中。他每天早起晚睡，喜樂的面對每一天。耶和華神每天與他同在，他就百事順利。主人交給他處理的

任何事都順利，都讓主人很滿意。

　　他的主人很快就發現這位希伯來的奴隸與眾不同，他做事不僅稱主人的意，所有疑難雜症到他手裡一解就開，工作殷勤不懈，腳踏實地的做。別的奴隸只是求少挨鞭子，避免工頭的斥罵，他則是兢兢業業，贏得主人的欣賞與滿意。

　　常常在夜深人靜時，約瑟做完一天的奴隸工作，他獨自一人躺在簡陋低矮的奴隸房間，想著他祖父以撒、父親雅各常跟他說過他的曾祖父叫做亞伯蘭。有一天，神揀選他，呼召他，說：「你要離開本地、本族、父家，往我將來要指示你的地方去。我必叫你成為大國。我必賜福給你，叫你成為大族；你也要叫別人得福。為你祝福的，我必賜福與他；那咒詛你的，我必咒詛他。地上的萬族都要因你得福。」那時候亞伯蘭甚至不知道，神為什麼要揀選他？他到底要往哪裡去？但他相信上帝是獨一的真神，他也相信神的話，一句都不落空。

　　亞伯拉罕被稱為「信心之父」。以後上帝還對他說：「你的名不再叫亞伯蘭，要叫亞伯拉罕，因為我已立你作多國的父。」神和亞伯拉罕立約過，神親自應許：他的後裔要如天上的星，成為神的選民，而且成為大國，要得著福氣與尊榮，也要使別人因他得福。

　　所以亞伯拉罕全家離開故居崇拜月神的迦勒底的吾珥城，向北越過二千五百公里的彎月形肥沃地帶，經米所波大米的哈蘭到達迦南地，神應允要把這塊土地賜福給祂的選民。

約瑟雖然被賣為奴，無依無靠，地位非常卑賤，每天辛苦的受人吆喝，歧視，但他心中只有神與亞伯拉罕所立之約──亞伯拉罕的後裔要成為一個大國。這樣一個偉大的信念始終支持著他。他經常禱告，求上帝說：「求你帶我回迦南，回父親的老家去。神啊！求你幫助我，求你憐憫我。」

雖然埃及好像離迦南故鄉非常遙遠，但他相信無論在怎樣的環境中，他家族所信奉的這位獨一的神會與他同在、幫助他，至高的神一定會成就這約定。他也常常想起他年輕的夢，何時才能美夢成真，那些禾捆和天上的星星、月亮、太陽都要向他跪拜。心中存著這個盼望，讓他對工作的態度與一般奴隸不同，他滿懷信心，他負責任的對象被提升了，不再只是他的主人波提乏，而是天上那位無所不在的神。所以他行事為人都要贏得至高神的喜悅。

伯特利獻祭

他也記得他那兇悍的伯父以掃,帶著四百人向他們逼近，大家臉色驚惶的樣子，他也忘不了父親告訴他，在雅博渡口遇到神的使者，和父親摔角，雅各堅持要那人為他祝福，否則不容祂去，那人摸一下他的大腿窩，雅各就瘸了腿，當父親一跛一跛的走入帳棚，他的臉龐散發出榮耀的光輝。父親口裡一直說：「我遇到神的使者了！」從此他父親就改名叫以色列──神的王子。

他也記得他們回迦南，中途經過伯特利時，父親向他描

述，當他逃避以掃追殺時，曾在夢中看到神的使者從天梯上下來。所以在那裡他們全家肅穆的重新與神立約。神又對他父親說：「我是全能的神；你要生養眾多，將來有一族和多國的人民從你而生，又有君王從你而出。我所賜給亞伯拉罕和以撒的地，我要賜給你與你的後裔。」神就從那與他父親雅各說話的地方升上去了。父親還在那裡立了一根石柱，在柱上澆油，伯特利是一個值得紀念的地方。

　　每個夜晚，約瑟不斷的重複回憶這些往事，使他的心得到力量與平安。有時候遭誤解，或是不公平的待遇，他告訴自己：「這位耶和華神將永遠永遠成為我的神，祂會隨時幫助我，引導我的一生。祂是亞伯拉罕、以撒、雅各的神。現在是約瑟的神。」他很無助的時候，就誠心的禱告，因為在這個國家中，他舉目無親，能幫助他的就是這位與他同在的神，所以他內心並不孤單，他也不跟別人計較。

　　約瑟每天做事竭盡心力，神祝福約瑟，也因他的緣故祝福波提乏。波提乏家生產的麥子比別人的麥田都多，他家畜養的牛比別人的更肥壯。波提乏看見耶和華與約瑟同在，使他手裡所辦的事都順利，而且也使自己的家滋生財力。

　　有一天，波提乏對約瑟說：「約瑟，我看你做事總是盡心竭力，所以我決定要你當總管家，所有的奴僕都由你指揮吧。」

　　對奴隸約瑟而言，這是極大的榮耀，他的日子好過多了。主人波提乏總是對他非常友善，也越發重用他，把家中一切所有的事都交在他手裡。因為埃及人不喜歡外族人為他料理

飯食，所以除了自己所喫的飯不要約瑟料理外，別的事一概全交給約瑟處理。

　　自從波提乏派約瑟管理家務和他一切所有的，耶和華就因約瑟的緣故賜福與這埃及人的家；凡家裡和田間一切所有的，都蒙耶和華賜福。

二、主人妻子引誘

不要向罪惡讓步，
因為讓步就是罪惡；
每一次勝利將幫助你，
贏得更多勝利；
勇往直前地奮戰，
克服黑暗的情慾，
常常仰望耶穌，
祂會帶領你安然度過。
　　　　　　　　　——《荒漠甘泉》

　　約瑟有一頭黑色發亮濃密的頭髮，還遺傳了他母親拉結迷人的眼睛，加上體格壯碩，認真負責，使他看來不像奴隸，反倒像瀟灑俊帥、風度翩翩的貴公子。

　　約瑟被波提乏賞識，提升為總管後，與主人的妻子接觸更多。當時埃及的女人十分自由開放，又放縱情慾。波提乏的妻子有著豐滿的身材，豔麗的臉龐，深得波提乏的寵幸，

可是她內心不滿足，竟然愛上了這位俊帥的希伯來青年奴隸，常常向約瑟眉來眼去，頻送秋波，想要勾引他。

　　有一天，趁著大家不注意時，一身妖豔的主人妻子，挨近約瑟，貪婪的挑逗著他，然後毫不知恥的命令約瑟說：「你與我同寢吧！」她以為她是主人的妻子有權力叫約瑟服從的，而且她也認定當奴僕的約瑟是沒膽量說不的。

　　約瑟知道取悅女主人，將來一定好處多多，自由與權力會增多，甚至日後的生活還可高枕無憂，有恃無恐，但如果得罪她，一定有說不盡的苦頭可吃，可能連現在總管的地位都不保，他該如何取捨呢？影響他的選擇是什麼呢？

　　很多人可能會想，得到主人妻子的賞識，簡直是天掉下來的好處，拒絕了一定會得罪她，大吃眼前虧，何況是別人主動，又不是我去招惹來的，而且感情的事，只要你不說，兩相情悅嘛！誰還會知道呢？很多的婚外情、不正當的男女關係，就從這種自欺欺人的念頭中被侵蝕、腐化，釀成許多錯誤與悲劇。

　　約瑟敬畏看不見的神，遠超過對女主人的畏懼。《聖經》說：

　　　　我兒，你為何戀慕淫婦？為何抱外女的胸懷？
　　　　因為，人所行的道都在耶和華眼前；他也修平人一切
　　　　的路。
　　　　惡人必被自己的罪孽捉住；他必被自己的罪惡如繩索

纏繞。

　　他因不受訓誨就必死亡；又因愚昧過甚，必走差了路。

　　　　　　　　　　　　　　　　　　——〈箴〉五：20–23

　　行姦淫敗壞品德，正是神所恨惡的事，取悅女主人可以
得到短暫的罪中之樂，卻會換來更大的禍害。他決定克制他
的心，不像「毀壞的城邑，沒有牆垣」（〈箴〉二十五：28），
人一旦犯了錯，很容易一犯再犯，遲早主人會知道，約瑟當
然勇敢拒絕了。結果也付出很大的代價。

　　約瑟勇敢的對主人妻子說：「不行，我怎能這麼做！我若
與你同寢，豈不是對不起我的主人。看哪！主人對我這麼好，
一切家務，我主人都不知道；他把所有的都交在我手裡。在
這家裡沒有比我大的；他只留下了你，因為你是他所愛的妻
子。我不能這麼做而傷他的心。更要緊的是我怎能做這大惡，
得罪神呢？」約瑟一心敬畏上帝，也對他的主人忠心耿耿。他
決定不行大惡而得罪神遭譴。

天天引誘

　　很麻煩的是，波提乏的妻子不死心，想盡辦法，幾乎是
死皮賴臉，一次又一次藉故碰撞他的身體，天天來勾引約瑟。
血氣方剛的少年人，有幾個可以抵擋美貌、權勢、色情的誘
惑？然而對情慾妥協，剛開始可能是一把好用的傘，卻是差
勁的屋頂，它只是短暫的權宜之計，享受罪惡中的樂趣，不

久一定會嚐到苦果。

　　約瑟感受很大的壓力，但他鐵了心不敢得罪神，也不得罪提拔自己的波提乏，絕不聽從她、不與她同寢、不陷入網羅。《聖經》說：「你要保守你心勝過保守一切，因為一生的果效，是由心發出。」(〈箴〉四：23) 他只能閃得遠遠，也沒有將這件「性騷擾」告訴波提乏。他天天都要對抗情慾的誘惑。

　　主禱文說：「不要叫我們遇見試探，救我們脫離兇惡」；約瑟在波提乏家，實在找不到地方躲避主人的妻子。如果我們擔心禁不住辦公室的誘惑、網路的色情，最好的方法就是，不要放縱你的目光去看見色情的網路，不要讓不潔淨的思想盤據在我們軟弱的心田裡，不要輕易的得罪我們自己的身體。

　　約瑟天天要對抗淫婦的勾引，一定需要天天有勇氣、有能力，才能拒絕試探。

三、勇敢拒絕

　　胡椒樹算不上加州最漂亮的樹，但毫無疑問的，它是最乾淨的。
　　它細小的葉片不時分泌一種汁體，
　　成為最佳的洗滌劑，
　　使葉子幾乎纖塵不染。
　　雖然塵埃密佈在周圍的空氣裡，但是無法附著，

這得感謝造物主在此種樹的管脈中注入如此奧妙的成分。

如果胡椒樹能說話，當上主創造萬物時，

胡椒樹必對神說:「我並不求你把我放在毫無塵埃的地方，我只要你使我能免於受到塵埃的汙染。」

——保羅李斯特

有一天，約瑟進屋裡去處理一些家庭帳目的事。屋中沒有其他人在那裡，那女人見這是個好機會，就拉住他的衣裳，甜言蜜語的說:「你與我同寢吧!」她露出挑逗的眼神。約瑟努力的掙脫她的拉扯，她看約瑟這麼堅持，就說:「就只這一次，來啊! 怕什麼! 沒人看見! 你只要陪著我躺在身邊就可以了。」約瑟仍是拒絕，那婦人更加糾纏著他不放，用力拉著他的外衣，身體緊緊的黏靠著他。約瑟為了脫身，只好把衣裳丟在婦人手裡，就跑到外邊去。

婦人看見約瑟把衣裳丟在她手裡跑出去了，惱羞成怒。當時的埃及人是打從心裡瞧不起希伯來人，何況是一個不聽話、不和她苟且的奴隸。

獵物溜走，讓貴婦感到羞慚被辱，慾火變成怒火，在胸中憤恨的燃燒。她就扯開喉嚨，大叫家裡的人來，輕蔑、憤怒的對他們說:「你們看! 我先生帶了一個希伯來人進入我們家裡，竟然敢戲弄我們。」她故意強調說「我們」，是要激起大家的公憤，以為約瑟是癩蝦蟆想吃天鵝肉，色膽包天，「他

趁你們不在時，跑到我這裡來，要與我同寢，我堅持不肯，他聽見我放聲喊叫，就把衣裳丟在我這裡跑走了。」她這番控訴證據確鑿，沒有人相信約瑟是無辜的。

反咬一口

　　那女人拿著約瑟的衣裳，越想越氣，一定要先下手為強，惡人先告狀。等著波提乏晚上回家，就哀怨、生氣的怪罪他說：「你看嘛！都是你！你買回來的那個希伯來奴隸，真是大膽妄想，竟然進到房內來戲弄我」，「我放聲大喊，奮力抗拒，他很害怕，把衣裳丟在我這裡，就逃跑出去了。」主人妻子拿著衣裳，生氣的說。

　　約瑟的主人聽見他妻子的控告，憤怒不已，覺得約瑟不知好歹，忘恩負義，簡直無廉恥，一點都不顧念自己對他有賞識、提拔之恩，真是可惡到極點，立刻叫約瑟來責問他：「你為什麼要傷害我的妻子呢？」

　　「主人，事情不是這樣的。」約瑟回答說：「你的妻子要我跟她同寢，我不答應。我不願在你背後做欺騙你的事。她就抓住我，強迫我。我脫身就跑，哪知道她用力一扯，衣服竟掉在她手裡。」哪有這回事！主人根本不相信，就下令把他關在監牢裡。

　　女主人的誣陷，足以置約瑟於死地。人心確實可怕，戀慕不成，一次一次遭拒絕，那份愛情竟發酵轉換成為強烈的怨恨。人與人之間的情愛，是這樣的沒有把握，多少戀愛結

婚的配偶，卻因長時日的相處，因摩擦以至於愛情消失，成為分手的理由，或因一方不忠於愛情，另一方由愛生恨，想置對方於死地。社會上太多因愛轉恨，而釀成家庭悲劇、社會不安的事情。

約瑟再一次陷入人生的危機中，本來通姦的罪是要處死的，何況約瑟以外族的奴隸侵犯主人的妻子，罪還要加上一等，但是約瑟平素有好名聲，也幫過波提乏好些忙，加上神的保佑，波提乏就把他關在大牢裡。於是約瑟就在那裡坐監。

智慧與力量

天下有這麼倒楣的事嗎？拒絕誘惑不但沒有得到該有的獎賞，反而要被栽贓受罪，還有人願意誠實嗎？

在黑暗的監牢裡，約瑟再一次嚐到被棄絕、孤單的滋味，他曾經冒著生命危險，熱心的走了一百多公里的路，去探視哥哥們的安危，結果被手足賣到埃及為奴。這次他的忠心不苟且，拒絕誘惑卻換來身敗名裂，要坐牢的代價。

拒絕色情的引誘是需要有勇氣、力量與操守的，何況是主人妻子天天不斷的騷擾？哪個人能抗拒得了？很多人反而會以為是上天掉下來的禮物，不要才是傻瓜。

原諒陷害我們的人，那更需要有超越的力量與寬容的心，除了原諒後，還要再愛他們，實在是太困難了。這種力量要從哪裡得來呢？

現代人為何缺乏抗拒誘惑、抗拒不誠實、抗拒同流合汙

的力量呢？如果我們視一切苦難的遭遇是出於人為，我們的
心靈就會忿忿不平，因為在別人的手中吃虧受苦是難以忍受
的。如果我們不相信有報應、有審判，那麼在人間很多的正
義、公理，就不用太堅持了！但是如果我們的眼光放遠，相
信這是要磨練我們的機會，相信有一天會有報應與審判，是
否我們行事為人就會更謹慎！更厚道！更誠實！

　　一個道德力量瓦解的時代，一個視淫亂為見怪不怪的時
代，絕對會對社會、家庭、兒女造成莫大的問題，造成一個
國家的滅亡。我們真能坐視不管社會風氣越來越敗壞沉淪嗎？

　　如果道德誠實淪喪，社會風氣敗壞，腐蝕人心。那我們
是否要提醒年輕的一代看重品德，堅持誠實，好讓這個社會
的思想、風氣更清明。

反省與應用

一、我們是否忠心於我們的工作，不混水摸魚？但也決不是盲目服從？

二、約瑟沒有因兄長的嫉妒，被賣而自暴自棄，我是否會因別人的錯誤而懲罰自己？埋怨而不思振作？我們是否有「我的未來比過去偉大」的新觀念？

三、面對不同的引誘與試探：

　1.你是否有勇氣說不？

　2.你是否會像約瑟一樣逃離誘惑人的現場，所以拒看「色情刊物」、拒到「色情場所」？

　3.是否有心理準備，有時拒絕罪惡，可能被反咬一口，甚至付出代價？

　4.外表俊美、體格魁梧、標緻的男女有較多機會受試探，對可能因一次的試探要說許多的謊，或者因此身敗名裂，你會如何面對？

四、若有人在我們面前控訴別人時，不可只聽一面之詞，你能客觀理性面對嗎？

五、本章反映外國來的寄居者的困難，寄居者容易被虐待或歧視，我們怎麼對待家中的菲傭或外勞？

第三章

囚衣歲月

有時候生命中的變動是要為我們帶來新的契機。

有信仰的人是不用擔心生命的變動，

因為它可能是神另一個新的祝福。

一、約瑟下監

人的一生，最可貴的不是一時的滿足，

而是希望和理想的實現；

可怕的不是現實的苦難，

而是失去了希望與信心。

當我們在天昏地暗、雷雨交加的黑夜裡；

當我們在波濤洶湧、風浪險惡的海洋上；

當我們在一籌莫展、困難重重的逆境中；

當我們在心智疲倦、靈感枯竭的情況下，

只要心中尚有信心，就可以勇敢的走下去。

最後終會是光風霽月的天地，勝利成功的思想！

信心決定行為，因為行為乃是信心的果實。

　　約瑟因為老父所縫的彩衣，惹得哥哥們嫉妒，孤立他，甚至暴力搶走他的彩衣，還被賣到埃及為奴。雖然努力工作贏得主人的器重，但因為拒絕與主人的妻子同寢，而被陷害入監，換上囚衣服刑。

　　許多人一定忿忿不平，怨恨天道不公、善無善報，其實約瑟所遇到的事，都是絕處逢生的。當約瑟到多坍尋找哥哥時，他們本來要殺死約瑟，最後只有賣了他。這次本來要判死刑的，最後卻只下了監，神不是不管這事，而是祂有更美

好的安排，神說：「天怎樣高過地，照樣，我的道路高過你們的道路；我的意念高過你們的意念。」（〈賽〉五十五：9）。這個無妄之災竟然為約瑟的生命帶來一個新的開始，否則約瑟一生就只是波提乏家中的管家而已。

　　有時候生命中的變動是要為我們帶來新的契機。有信仰的人是不用擔心生命的變動，它可能是神另一個新的祝福。

　　埃及的監牢是密不通風、陰濕幽暗的，地上滿是汙穢，偶爾有親友從窄小的門塞入一點食物及水，那是特別的恩惠。迦南的草原任約瑟自由遨遊，現在卻再次腳鐐手銬的被拘禁這個黝黑的「洞」中，失去自由的可怕比當奴隸更悽慘。

　　在漆黑中，約瑟沒有任何親友探監，他常常想到從小父親教導他的那套信仰，到底是否真有一位公義、審判的神？如果你一切都按正道、誠實而行，卻要遭到這種坐監的回報，算不算公平呢？是否還要再繼續堅持？為什麼所有倒楣的事都會發生在我身上呢？神是不是拋棄我呢？父親是否也忘記了我？童年的夢，所有的禾捆，連日月星辰，都要向我下拜，是否只是一場虛幻？難道我就要在這黑牢裡度過一生？他呼天天也不應，只聽到腳鐐拖地的聲音。他承受的壓力極大，幾乎要崩潰了。

　　約瑟感受到黑雲滿天，彷彿看不到出路，他的信心再度遭到考驗。他深深的悲哀，生命中的苦難好像鐵圈緊緊的勒住他，他可能不知監牢裡，正是要造就他的能力、忍耐、與剛毅的機會。

你是不是也在一個不順利的環境中？是不是正面臨一些不公平、不公義的人與事？你對待環境的態度如何？沉不住氣了？抱怨？忍耐？自暴自棄？或者默默等待漫漫黑夜過去，讓黎明的光照耀你！在受苦的日子，仍然大有信心、盼望與喜樂！

在波提乏家時，神與約瑟同在，使他凡事順利。在監牢裡，耶和華神也與約瑟同在。他與其他的犯人迥然相異，他不抱怨、不伺機鬧事、不挑釁權威，因此神向他施恩，使他在典獄長的眼前蒙恩，所以約瑟可以在監獄裡自由往來，只要不逃走就行，他幫忙打雜，有時給犯人送飯，打掃牢房，有時做做雜事。典獄長對約瑟很好，使他有事做，不必一個人待在黑牢裡無所事事。

約瑟在監獄裡也像在波提乏家裡一樣盡心竭力，很快地，就贏得典獄長對他的信任和友善。這當然很好，可是他畢竟是囚犯。不久典獄長就把監獄裡所有的囚犯都交在約瑟手下，凡交在約瑟手下的事，典獄長一概不過問，因為耶和華與約瑟同在，使他所做的全部都很順利。好像前景又要露出一道曙光。

約瑟住在監牢裡，日子一天天的過，時間越久，出監與申冤的機會就越渺茫。連約瑟都以為這輩子是要含冤待在監獄了。直到監牢裡來了兩個新客人。

其中一個是負責為法老張羅酒水的「酒政」，另一個是負責烤餅的「膳長」，他們都要在飲食上防止有人向法老下毒。

兩個人都是地位崇高和有影響力，有機會接近法老的人。

　　很不幸的，酒政和膳長都得罪了他們的主子埃及王，法老惱怒酒政和膳長這二臣，把他們下在護衛長府內的監獄裡，就是約瑟被囚的地方。

　　護衛長把他們交給約瑟，約瑟似乎成了囚犯的奴僕，地位更低下了，他盡心伺候他們，彎著腰低聲下氣，每天給他們送飯、送水。有時候也談幾句話。監獄惡劣的環境不會影響約瑟的情緒與態度，他忠心的盡他的本分。並且關心其他犯人，使他們在監獄中仍感受到舒適。

　　約瑟每天關心監牢裡的人，在付出愛的時候，他感覺自己的重擔減輕；在安慰別人時，他也忘卻自己的煩惱；在傾聽別人的問題時，他覺得自己的苦難就不足掛齒了。

　　有一天早上，約瑟進了埃及王的酒政和膳長的牢房，發現他們坐在那裡發愁，唉聲嘆氣的。「兩位大人今天為什麼都面帶愁容呢？到底發生了什麼事啊？」約瑟熱心的問法老的酒政和膳長說：「你們難道是病了嗎？」

　　「不是的，我們沒有病。」他們嘆了一口氣說：「噯！我們昨晚各做了一個奇怪的夢，只是沒有人能為我們解夢，所以很煩惱。」

　　當時的中東一帶的人，對夢是很迷信的，他們相信夢可以預示吉凶。埃及有《夢書》的編纂，在宮中有許多博士和術士，這些人在神祕的領域中有許多職務，他們能清楚的為法老王解夢。酒政和膳長苦惱的是，他們今日身陷獄牢，無

法召喚那些術士來問一問，他們的夢所要表達的到底是什麼事？

約瑟想到自己曾是做過偉大美夢的人，夢見兄弟的禾捆都向他的禾捆下拜，他還夢見太陽、月亮、星星向他下拜。他滿心希望相信這些夢會實現，還很高興的、單純的，跟家人分享這些夢境。但是結果呢？不僅沒有人向他下拜，還仇視他，背著父親，脫掉他的彩衣，賣了他，使他淪落到今天的下場，成為監牢中的奴隸。這都是他的「美夢」所賜。遇到如此下場的人，恐怕都要自嘲很傻，誰還敢提到有關夢的事情。

但約瑟之所以是約瑟，他的過人之處是，他有堅信的心，縱使現在是黑暗一片、好像陷在泥淖之中，沒有一絲亮光，但他對未來的信心一點都不動搖。

約瑟聽了並不言語。過了一會兒，他開口說：「只有上帝知道怎麼解夢。祂會把夢的意思告訴我。請你們將夢講給我聽吧！」他知道他沒受過訓練，要解夢只能靠著上帝的恩典來指示。

酒政的夢

酒政認為在牢中，反正無人訴說，悶在心裡也不是辦法，便將他的夢告訴約瑟說：「我的夢是這樣的。我夢見在皇宮裡，我面前的一棵葡萄樹，樹上有三根樹枝，好像發了芽，開了花苞，花開之後就結果，眼看上頭的葡萄都成熟了。我摘下

一大串壓成汁，裝滿法老王的酒杯，然後送去給他喝。我從來沒有做過這樣奇怪的夢，要是我知道這夢的解釋就好了。」

　　說完之後，他嘆了一口氣，很憂愁的樣子。大家都啞口無言。

　　約瑟對他說：「你所做的夢應該是這樣解釋：三根樹枝就是三天；三天之後你會出獄，仍然像以前一樣當酒政，繼續伺候法老。每當法老口渴的時候，你就把他的杯子裝上酒，遞給他喝。」

　　酒政欣喜若狂，簡直不敢相信，他自己就要官復原職了。

　　約瑟接著說：「還有幾天你就可以出牢房，回到法老身邊，請你有機會在法老面前為我說說好話。我坐監是無辜的。麻煩你跟法老提一下我的情況，或許他也會放我出這監牢。」酒政說：「一定！一定！」

　　約瑟把出監的希望寄託在酒政身上，他迫切的渴慕重獲自由。他說：「我實在是從希伯來人之地被拐來的；我在這裡也沒有做過什麼壞事，叫他們把我關在監裡。」約瑟表明自己是無辜的，不是主動到埃及為非作歹的，而是被拐來的，他期望酒政能同情一個無辜的流落異鄉、舉目無親的希伯來人。酒政欣然答應說：「當然！當然！如果我一被放出去，我一定會記住你。」

膳長的夢

　　膳長看見約瑟解夢頭頭是道，而且酒政有完美的結局，

可以回宮復職，心裡想：「要是我也能出獄，那該多好啊！」就趕緊對約瑟說：「我也做了夢，在夢中見到我頭上頂著三筐白餅；筐子裡有我為法老烤的各式各樣好吃的糕餅。可是有飛鳥來喫我頭上筐子裡的食物。」他不安地等待約瑟回話。

雖然報噩耗是令人難以啟齒，但誠實的約瑟還是按神給他的啟示說：「膳長大人，你不會官復原職，你的夢的意思是這樣，三個筐子也是指三天；三天之後，你也會出獄。」膳長起初面帶笑容地聽著。「可是，」約瑟誠實地說：「三天之內，法老必斬斷你的頭，把你掛在木頭上，必有飛鳥來喫你身上的肉。」膳長聽完臉色立刻變白，渾身發顫。

酒政和膳長兩人的命運，三天後就迥然相異了。

「希望我做的夢是真的，」酒政說：「我就可以再回皇宮裡了，伺候法老王了。」

「我可不希望我的夢成真，」膳長說：「那我豈不死得很慘？」

二、解夢應驗

敬畏耶和華是智慧的開端，
認識至聖者便是聰明。　　——〈箴〉九：10

到了第三天，是法老的生日，他按照慣例在皇宮為眾臣僕大擺筵席，他吩咐把酒政和膳長都提出監來，並恢復酒政

的原官職，使他仍舊回到皇宮繼續為法老服務；但膳長卻被吊死，正如約瑟向他們所解夢的話。

　　酒政回到家，剛開始幾天太興奮了，忙著應酬親友祝賀的酒席，幾乎是疲於奔命，接著忙著處理酒務而心力交瘁，他努力的工作，等機會讓法老重新寵愛他，希望等地位穩固了，再找機會向法老陳情。日子一久，他根本再也不願想起監牢痛苦的回憶。反正日復一日，這位高級的埃及官員很快就忘記那個卑微的希伯來人約瑟了，他完全忘記他被關在監獄中無助時，約瑟對他的仁慈了。

　　約瑟關在監牢裡，每天，他都焦急的日日夜夜等待，不住地往窗外張望，他心神不寧的看看是不是有人來提他出監。心裡想酒政不是答應要幫他在法老前求情的嗎？天都黑了，誰也沒來。約瑟在揣測苦思中熬過，不過他想：「明天一定會來人帶我出去。」他滿懷希望地睡了。第二天，又等了一整天，仍然一點兒消息都沒有。日子一天天的過去，他天天都盼著，可是天天都失望。這到底是怎麼一回事呢？酒政不是說他會為約瑟求情的嗎？

　　最後他不得不接受一個事實，他想要脫離囹圄之苦的希望，又幻滅了。他深深感到人是不可靠的，酒政真的已經遺忘他了。失望讓人難過，被遺忘更讓人痛心。

　　很多人把希望寄託在別人的身上，希望別人施恩，希望別人助自己一臂之力，希望別人提攜自己一把，別人滿口答應，結果卻是癡癡空等待。人需要有個認知，靠山山倒，靠

人人跑，世界上沒有一個真正可靠的東西或人。過分倚靠人，只會徒增自己的失望與挫折，過分倚靠自己，有時也會徒勞無功，如果一些事情不是馬上按我們的心意成就，我們就沮喪無助。怎麼知道這不是神化妝的祝福，上帝常常有祂更美好的安排。

約瑟又學到一個功課，要耐心等候。

法老的夢

酒政出了監牢後兩年，約瑟仍在監牢裡，沒有自由、沒人探望，但他仍然認真的工作著。

有一個晚上，法老突然做了個夢，這個夢很奇怪，他夢見自己站在尼羅河河邊，有七隻母牛從河裡冒上來，又美好又肥壯，在蘆荻中喫草。隨後又有七隻母牛從河裡冒上來，又醜陋又乾瘦，與那七隻母牛一同站在河邊。這又醜陋又乾瘦的七隻母牛，竟然喫起自己的同類，喫盡了那又美好又肥壯的七隻母牛。法老就被嚇醒了。

不久。他又昏沉沉的睡著了，又開始做起第二回的夢，夢見一棵麥子長了七個穗子，又肥大又佳美，隨後又長了七個穗子，又細弱又被東風吹焦了。這細弱的穗子吞了那七個又肥大又飽滿的穗子。法老從夢中驚醒，才發現不料是個夢。

這兩個夢非常類似，再怎麼遲鈍的人連續做兩次這樣的夢，夢中的事都發生在河邊，而且都是瘦弱的吃了肥胖的，就會猜到真的要有什麼事發生了。

　　到了早晨，法老心裡很不安，就差人召了埃及所有的博士、術士，他們都是有學問的占星學專家，法老就說：「昨天晚上我作了個夢。」法老停一下說：「你們現在要告訴我那夢有什麼意義。」

　　「請把夢告訴我們，我們好為你解釋。」他們回答說。當法老把夢說完後，卻沒有人能給法老解夢。

　　在一片安靜的焦慮中，大家都束手無策囁嚅的說：「法老，我們不知道這個夢是什麼意思，我們無法給你一個圓滿的答案。」

　　法老王非常失望。群臣都呆立在宮中，現在該怎麼辦呢？

　　站在一旁的酒政忽然想起在監牢中的約瑟。兩年後的今天，他才第一次想起曾經對約瑟許下的承諾。

　　「法老啊！」他趕快說：「我終於想起我的罪來，我認識一個人，他能替你解夢。」

　　「快說！」法老下命令：「這人是誰？」

　　「法老您還記得兩年前，你把我和膳長關在護衛長府內的監獄嗎？那時獄中有一個從迦南來的年輕人，是護衛長的僕人，名叫約瑟。他每天給我們送飯、送水。有一天晚上，我們各做一夢，約瑟為我們解夢。他說我會官復原職，膳長會被吊死。結果正如他所說的，我們的夢都實現了。」

　　「快！快！立刻把他找來。」法老下令。

　　法老聽見酒政的這番話，喜出望外，立刻差人去監獄找約瑟。約瑟正跟往常一樣在牢裡忙碌工作，不再期待有人拯

救，忽然聽見有人叫他。

「約瑟，法老王召你入宮，你必須立刻就去。」

「我?」真出乎意料之外，他問:「找我什麼事?」沒有人瞭解情況，他們便急忙帶他出監。

埃及男人通常不留鬍鬚，約瑟是以色列人，習慣蓄著鬍鬚，而且他穿著囚衣如何去見法老呢? 所以按著埃及人清潔的習慣，他們為約瑟剃頭，刮臉，換衣裳，不久約瑟就被帶到法老面前。約瑟心裡十分納悶，七上八下，不知為何被召。

約瑟被帶進皇宮時，守衛都紛紛讓路。他帶著些許的羞怯走進大殿，被引導到法老的寶座前，先對法老一鞠躬，然後就站著等候。

法老迫不及待的對約瑟說:「我咋晚做了個夢，沒有人能解釋它，我聽酒政說，你有辦法解夢。」

約瑟很謙虛的回答法老說:「王啊，我本身不會解夢，只有神才能解釋法老的夢，神必將平安賜給法老。」約瑟明白的表明他沒有能力可以解法老的夢，他也不是個專業的解夢者，而且他更有勇氣的告訴法老，真正能回答法老問題的只有神，他把榮耀歸給神。

約瑟對法老說:「法老的夢其實是一個，神已把將來所要做的事都指示法老了。七隻好母牛是指七年，七個好穗子也是指七年，這是第一個夢。七隻乾瘦的母牛是七年，七個乾焦的穗子也是七年，這是第二個夢。那隨後上來的七隻又乾瘦，又醜陋的母牛是七年，那七個虛空、被東風吹焦的穗子

也是七年，都是七個荒年。」

「這就是說，神已經啟示法老，這兩個夢是信號，表示時間就要到了。其實，明年就要開始了。埃及遍地必有七個大豐年，隨後又要來七個荒年，甚至在荒年中，埃及人都忘了先前的豐收，全地必被饑荒所吞滅，因那以後的饑荒甚大，便不覺得先前的豐收了。至於法老兩回做夢，是因神所命定的事，而且一定會儘快做成。」

整個宮殿群臣鴉雀無聲，大家都屏氣凝神的靜聽。他們沒有想到這個希伯來小子，竟然說得頭頭是道，聽他所講的七個大荒年是件極可怕的事情，像大災難，該如何處理呢？神除了讓約瑟解夢以外，還給他應付荒年的策略。

法老開始焦急起來，說：「那該怎麼辦呢？」

約瑟提出智慧的建議，他說：「所以，法老應當揀選一個有聰明，有智慧的人，派他管理埃及地。當七個豐年的時候，要徵收埃及全地農作物的五分之一，叫他們把將來豐年一切的糧食都聚斂起來，積蓄五穀，收存在各城裡的倉庫，歸在法老的手下。所積蓄的糧食，可以防備埃及地將來的七個荒年，免得這地被饑荒所吞滅。」法老靜靜的聽著，有時還點點頭。

約瑟認為趁荒年來前，必須有未雨綢繆之道，應該要派有智慧、見識的人，在七個豐年時，徵收全國出產糧食的五分之一，這樣國家在荒年時，才不至於因缺糧而毀滅，這番解析讓法老和所有的臣僕都覺得很有道理。

三、約瑟被高升

> 王的心在耶和華手中,
> 好像隴溝的水隨意流轉。 ——〈箴〉二十一:1

　　法老鬆了一口氣,既然約瑟解了夢境,又獻策該如何管理糧政,他認為約瑟是個人才,就轉過身來對臣僕說:「像他這樣的人,有神的靈在他裡頭,我們豈能找得著呢?」拜多神的埃及法老對約瑟既佩服又讚嘆,法老王能看出約瑟擁有的,是埃及國中所有人所缺乏的——神的靈。他認為約瑟的智慧與謀略是埃及的術士、博士們都無法追趕得上的。

　　法老對約瑟說:「既然你的上帝把夢的解釋啟示給你,你理當是這個夢的執行人,因為沒有一個埃及人比得上你的聰明、智慧。從現在開始,我任命你為埃及的宰相,你可以掌管我的家、我的國,所有埃及人都必聽從你的話,惟獨在寶座上我比你大。」

　　法老又對約瑟說:「我派你治理埃及全地。」

　　真是不可思議。早上他還是個囚犯,晚上竟變成了埃及的宰相。約瑟的腦子一時轉不過來。變化實在太大,這一切都太突然了,超乎他所求所想。

　　在全體朝臣以及術士又嫉又羨的眼光中,法老就摘下手上印有他私人圖章,象徵法老王權柄的戒指,戴在約瑟的手

上。若是約瑟要立一條法律，他只要在紙上抹一層蠟，印上這打印的戒指。凡是看到此命令的，都必須遵行，因為有王的印在上面。

法老又給他穿上名貴的細麻衣，把金鍊戴在他的頸項上，這是王的獎賞，通常是法老給臣僕最高的榮譽。法老王又叫約瑟作他副手，地位僅次於法老，可以緊隨法老的座車。凡是約瑟出門，必有開路的人拉著馬韁在前大聲喝道：「肅靜！跪下！」於是路上所有的人都要迴避、跪下，直到約瑟的馬車經過。

法老派約瑟治理埃及全地。法老對約瑟說：「我以法老王的名宣告，在埃及全地若沒有你的命令，不許人擅自辦事。」約瑟地位崇高，成為法老「新貴」，許多人爭著攀附他。

與名媛結婚

法老還賜約瑟一個新名，叫「撒發那忐巴內亞」，埃及文是「懂得奧祕的人」。又將安城的祭司波提非拉的女兒亞西納給他為妻。安城是現今的埃及城希流坡立，意思是「太陽城」，位在尼羅河三角洲東面，在今日埃及首都開羅東十五公里的地方，是敬拜太陽神「冉」的中心。波提非拉是當時有權、有勢、有地位的太陽神祭司，他的女兒是個美麗迷人的上流社會女子。

這一切都太奇妙了，都令人想不到──約瑟因為作夢，惹怒了哥哥們，帶來殺機。但約瑟從沒有為自己申冤，口出

惡言，心懷不平。也不因別人的陷害而自暴自棄，成為胡作非為的藉口，他默然不語，等候神親自為他開道路。

這一次因為法老的夢，成為他晉身皇宮的機會，神把他帶到高位者的面前，使他平步青雲。就在一夕之間，他從黑暗、卑賤的塵泥中，被提升成一人之下萬人之上——尊貴的宰相。從今以後有新的名字，新的身分，新的地位，新的生活，從階下囚變成宰相，成為有希伯來血統的高貴埃及人。有誰像他一樣，有如此傳奇的經歷呢？生命中充滿無限的驚喜。

這一切都像夢幻，一剎那間，他從囚犯登上宰相的寶座，是多少人夢寐以求的事，這是何等奇妙的一躍。約瑟住在雕刻精美像宮殿的華宅裡，有豪華的擺飾，名貴的獸皮、孔雀毛，有成群的奴僕伺候著，享受絲絃彈奏的美妙音樂，錦衣玉食，他所到之處所有的人都對他畢恭畢敬，他以前的夢全都實現了。

從前他的父親曾以為他的夢是狂傲的，如今國勢強大的埃及法老，迎接他為宰相。他的兄弟藐視而出賣他，如今安城最高貴的祭司女兒喜悅要嫁給他。以前那雙粗糙服務勞役的手，現在戴上象徵法老權柄的金手印，脖子掛著閃亮的金頂鍊；銬著腳鐐的腳，現在踩在眾人伺候的華麗馬車上；曾是眾人不屑使喚的囚犯，現今當為宰相，全埃及的百姓，一看到他的座車都要下跪屈膝。曾經哀求哥哥們放了他的可憐聲音，曾經求酒政替他伸冤，現在全國的人都聽從他使喚，

在他的規劃下，建造穀倉。那件血點斑斑的彩衣，那件脫落在淫婦手中的外衣，現在已經換上雪白細麻布的朝服。

神真的能「從灰塵裡擡舉貧寒人，從糞堆中提拔窮乏人，使他們與王子同坐，就是與本國的王子同坐」(〈詩篇〉一一三：7–8)。

法老的智慧

這樣戲劇性的發展，讓所有人羨慕，也是現今許多人努力追求的，希望能夠被提拔居在高位。可是常常我們所看到的是，別人早就爬到你頭上了，而自己許久不升遷，被冷凍、被遺忘，到底我們缺乏了什麼？

回想法老的異夢，七隻肥牛剛從河裡上來，在岸邊喫草。立刻就有七隻又醜陋又乾瘦的七隻母牛，把牠們喫盡了。七個又肥大又佳美的穗子，立刻就被七個又細弱又被東風吹焦了的穗子吞喫了。

這個情形常發生在各家、各國。很多家庭縱使夫妻都雙薪，努力的賺錢，但生活中就好像有一個無形的破洞，讓金錢消失無蹤。有時股市明明是上漲的，但當你一投資就被套牢了，一投資房地產就滯銷，以致周轉不靈，一夕之間讓自己辛苦的半生積蓄化為泡沫；或者是好不容易儲蓄了一筆錢，突然哪個親人發生事故，在親情、道義上不得不解囊相助；日以繼夜的工作，公司卻突然宣布快倒閉、要產業外移了。這種無能為力的情形就好像是埃及的術士，絞盡腦汁卻無法

解夢，公司內部一再討論、開不完的會、研究問題的報告堆積如山，消耗了所有的體力、精力，卻找不著解決之方。

如果我們的生命正面臨著七個荒年，以往的積蓄已經提領一空，卻看不到生命的春天，遇不到有貴人相助。如果我們的國家貧富懸殊，健保一再地虧損，銀行一再有呆帳。我們是否要省視生命中是否有漏洞，讓你的積蓄存不住，所得的祝福，從漏洞中流失。至少埃及法老干會去尋得幫助，我們是否也要尋找一些生命的契機，堵住生命的漏洞，醫治生命的傷口。好讓那些被蟲吃、被鯨吞的糧食加倍償還給我們。在我們人生的道路上，勝過那又瘦又乾的醜牛及焦黑的穗子。

反省與應用

一、約瑟是無辜被下到監牢，他見到法老的面有沒有要求申冤？他的
　　態度有沒有值得我們學習的？

二、約瑟下到監牢，他有沒有因自己的不幸而不理會受苦的人？遇到
　　比我更不幸的人我會不會幫助他？

三、約瑟有否因有恩於別人，當別人忘記回報，而懷恨在心？

四、法老對約瑟如此的信任，約瑟如此受寵與他的工作態度有沒有關
　　係？

第四章

約瑟稱相

每勝過一次的磨練，
都增加我們生命的韌度與力量，
每一次患難上門，
就是帶來更多祝福，
使我們的生命更寬廣。

七個豐年與荒年

生長在開闊平原的小樹，
無須掙扎即能獲取陽光、空氣、豔天、白雲，
又不時有雨露滋潤，
但它永遠無法變成森林中的神木，
只能無聲無息地自生自滅。
養尊處優、自滿自足的人，
毫不費力就擁有陽光、空氣、藍天、白雲，
他甘處凡塵，不肯為天堂而努力，
他不能做個頂天立地的大丈夫，
只能庸庸碌碌地苟且偷生。

好木頭不在安逸中長大；
暴風吹得愈猛烈，樹木也長得愈強勁，
藍天距離愈遙遠，樹木也長得愈高大；
只有藉著日曬雨淋，寒風瑞雪的考驗，
無論是樹或人，好材料要長大。

生長在茂密草叢或森林中的樹木，
我們發現那最古老蒼勁的
都具有共同的特徵：

它們聳立至藍天之上，與星月共話語，

它們的枝幹斑駁，滿是風吹雨打的傷痕，

——這是求生的不變法則。　　　　——馬羅奇

　　當朝陽的光芒開始照耀在埃及大地時，農人們正準備忙碌的耕種，這是撒種的季節。撒下種子之後，農人就要常巡視農田，除去禾苗旁邊的雜草。在春雨、秋雨的澆灌後，要耐心的等候收割的日期。果真尼羅河旁肥沃的土壤，使得金黃色的禾黍飽滿的果實纍纍，在陽光中好像一整片黃金，隨風搖曳著。

　　年僅三十歲的約瑟乘駕著華麗的馬車，馬不停蹄的出去巡行全埃及地。指導全國百姓該如何囤糧，監督灌溉，疏導尼羅河的河水，規劃將臨的七個荒年。他動員許多人馬，做這大規模的事業。他無論到哪裡，埃及百姓都尊敬他。

　　已經在埃及度過了近十四年的歲月。他做過波提乏的奴僕、受過監牢的磨練，曾在卑賤中和各階層的人接觸過，他已經不再是十多年前那個父親的愛子，被兄弟出賣的單純少年，現在他承擔一國的重任，肩負著全國的經濟大權。經歷風霜後，他已經成為既成熟又穩健，能承擔重任的人。

　　世上許多成功的人，很少是一帆風順的，差不多是生活在貧乏、被棄、患難、不幸所磨練造就成的。每勝過一次的磨練，都增加生命的韌度與力量，每一次患難上門，就是帶來更多祝福，使生命更寬廣。藉著生命中的苦難，產生耐力、

毅力。客廳中的舊掛鐘能擺動的原因，是因為下面有鐘擺的重量。

七個豐年

因為風調雨順，所以七個豐年之內，土地的出產極為豐盛，隨便撒種什麼，地裡就吐出纍纍的果實。收割的穀粒非常飽滿，連綿不盡的穀堆，豐收到連百姓都笑呵呵，糧倉都不夠貯藏，人們從沒見過這麼多的出產。有些農民沒有地方儲存，只好亂丟。約瑟就派人到各地收集剩餘的糧食，存在倉庫裡。

最初七年約瑟要主持收購糧食的計畫，在城鎮各個地方大興土木建造穀倉，收購五分之一的農產，囤積安放，所積蓄的五穀，好像海邊的沙，無法計算。

約瑟高居為宰相，生活在尊榮富貴當中，然而他面對宮廷中繁重的朝務，肩負這麼龐大的工程，帶給約瑟很大的挑戰。自己又是年輕的外族人。不免要遭到不服氣的老臣阻撓。很多懷疑、批評的話，在傳遞著。

「莫名其妙！他哪裡知道什麼七個豐年和七個荒年的事呢？豐年就是豐年，哪會有什麼荒年嘛！」

「啊！那是根據法老所做的夢。約瑟說那夢是七個豐年之後就有七個荒年。」

「他哪能那麼有把握呢？」

「他口口聲聲都說是他的神說的，事情就將要這樣形成。」

「真是愚蠢，法老怎麼這麼相信他的神呢？」

每天約瑟要與宮中那批等著看這以色列人好戲的大臣周旋，許多人說風涼話，「現在不是風調雨順嗎？幹嘛大費周章的浪費公帑建造穀倉？」

「有可能是他設計要謀騙埃及的財富。」也有人懷疑他解夢的能力，「禾穀裝都裝不完啦，真的會有荒年嗎？」不斷的耳語、或是正面攻擊的話隨處可以聽到。

約瑟得到神所賜的智慧，有能力、耐心去面對種種困難，及突發事情。

約瑟得子

七個荒年未到以前，約瑟的太太亞西納給他生了兩個兒子。約瑟給長子起名叫瑪拿西，就是使之忘了的意思，因為他說：「神給我這麼多恩惠，使我忘了一切的困苦和我父的全家。」小孩的出生帶給全家許多的歡樂，他真的已經忘掉十多年來被出賣、拋棄、下監、遺忘的痛苦，午夜夢回的孤單，被誣陷的恐懼感已經離他遠去，現在他要全心全意在埃及定居發展。

他給次子起名叫以法蓮，就是使之昌盛的意思，因為他說：「神使我在受苦的地方昌盛。」約瑟感謝上帝賜兒子給他，使他在埃及地昌盛起來。有田地、有高位、有溫暖的家庭。

埃及地的七個豐年，他們堆積許多的糧食，處處是糧倉，何等豐富。人們幾乎要忘了真的會有七個荒年的來到。

七個荒年

　　七個豐年一過完，接著荒年就來了。第八年埃及人仍舊播種，可是天好像被關閉一樣，很少下雨，不降甘露；土地有如銅鐵，種什麼都沒有收成，百姓們叫苦連天，乾旱、枯熱，所有的禾穀都焦黃下垂，結不出果實來，有時蝗蟲紛飛，遮滿了整個天，沒有存留什麼給人吃的，饑荒的腳步逐漸近了。人們一年一年的盼著，一年比一年苦，人心焦躁不安，期望趕快脫離這種低沉、苦悶、枯旱的歲月，正如約瑟所說的，各地都有饑荒。

　　埃及也在饑荒中，焦黑的田地，吹著像焚火般的熱風。整座城市好像著火一樣，百姓的肚子都是空空的。所有街頭巷尾到處躺滿嗷嗷待哺的人，蒼蠅到處亂飛，蝗蟲趕都趕不掉，全國經濟陷入一蹶不振。

　　埃及民間的糧食都吃完了，埃及的老百姓湧向法老哀求說：「糧食！糧食！給我們一點兒麥子吧，孩子們餓得直哭，再沒有吃的，我們也要餓死了。」這當中有許多是當初嘲笑過約瑟建造穀倉的人，甚至一些對他不服氣的人，為了活命，這些曾愛說閒話的人，都紛紛跑來要求糧食。法老早就有所準備，他說：「沒問題。但是，我這裡沒有任何的麥子，你們必須去找約瑟。」所以大家都蜂擁來求約瑟。約瑟開了各處的穀倉，糶糧給埃及人。

　　因為天下的饑荒甚大，各地的人在前七年，因不知道會

有七年的荒災，以致都沒有儲蓄糧食，如今他們都遭難了。
嗷嗷待哺的人太多了。唯獨埃及有糧食，所以他們都往埃及
去，到約瑟那裡才能存活。

　　埃及百姓們看到各處的難民，只有埃及還留有吃的，都
讚嘆約瑟說：「約瑟真是個賢明的人，有先知先覺啊！如果不
是他為我們準備糧食，我們豈不都要餓死了。他真是我們的
救星啊。」

反省與應用：

一、約瑟在七個豐年時，懂得未雨綢繆，你認為儲蓄重要嗎？在金錢、
　　人際關係上是否平時就有積存以備不時之需？

二、從約瑟給孩子的取名的意義，他是否對以前苦澀的歲月，仍記掛
　　在心？我對過去的痛苦是否願意全忘記？

三、若我們身居異國，是否也願意效法約瑟忠心努力的工作，成為該
　　地百姓的祝福？

四、法老王並沒有因約瑟是外國人而排外，我們對外人的態度是如
　　何？是否也願意任用他們，並且完全的信任？

第五章
兄弟相見

約瑟到處走動巡視饑情，
希望能碰到從迦南地來的人，
他心裡多期望，
自己的兄弟有一天也能出現在糴糧的行伍中。

一、下埃及糴糧

恨，能挑啟爭端；愛，能遮掩一切過錯。

　　　　　　　　　　　　——〈箴〉十：12

不可心裡恨你的弟兄，……不可報仇，

……卻要愛人如己。　　　——〈利〉十九：17–18

　　從約瑟被賣到現在，已經過了十多年。雅各已是白髮蒼蒼的老人，眼睛都快瞎了。兒子也都進入中年，娶妻生子了。他們所住的迦南不再是綠草如茵，流水潺潺，牛羊滿野的景象，因為天不降露與甘霖，枯乾、焦黃、全地都灰濛濛的，垂死呻吟的飢民到處都是，有的村鎮甚至屍骨遍野。全地陷入缺乏糧食的恐慌當中，甚至還有人吃人的情形。

　　因為是全面性的饑荒，波及的地區越來越大，迦南也鬧饑荒，人們沒有先知先覺的能力，所以前七年因為不知道緊接著有七個荒年，以致無人聚斂糧食。荒災的頭一年他們還有前幾年剩下的糧食吃。第二年又沒有收成，存糧也吃完了，如今大家都遭殃了。

　　當其他的國家聽說埃及有糧食，就不辭勞苦到埃及買糧食。只要到了埃及，約瑟對他們都一視同仁，有求必應。約瑟忙得不得了，他手下的人也是從早到晚賣糧食。通往埃及

的路上人潮洶湧，不是空著口袋去買糧食的人，就是口袋裝滿了糧食，歡喜回家的人。

雅各和他全家都陷在災難中，因為他們也斷了糧。他們不知該怎麼辦？難道要坐著等死嗎？約瑟的哥哥們都面面相覷，彼此說：「怎麼辦？我們該去哪裡買糧食呢？米缸裡只剩下一點米了，我們和孩子們難道要坐著活活的餓死嗎？」

有一天，雅各看見飢餓的鄉人紛紛騎著駱駝下到埃及，並馱著滿袋的糧食回來。他發現一線生機，聽說埃及有糧食，他們不會坐以待斃了，他也動了下埃及的念頭。

可是兒子們就是坐著不動，好像下埃及是件極度艱辛、痛苦的事。因為他們一想起十多年前那件販賣親兄弟約瑟去埃及的往事，心中就有一份深深的不安與自責。沒有人敢提起，這是生命中揮之不去的陰影。約瑟若是還活著，一定是富貴人家中供使喚的奴隸，也可能是砌金字塔的奴工，或是在高溫的磚窯中造磚，準備蓋神殿，反正都是苦命的勞力者。如果碰到了該怎麼面對他；如果死了，怕他的屍骨會在埃及的每個角落控訴他們殘忍的罪行。他們眼前還時常會浮現約瑟那張滿掛著眼淚，驚恐的臉。有時夜深人靜時，甚至會聽到彷彿約瑟淒厲的求救聲，在耳中哀嚎。因此他們寧可挨餓，也不願去埃及。

雅各生氣的對兒子們說：「你們為什麼老坐著等死呢？為什麼彼此觀望呢？我聽說埃及有糧食，你們趕快下去，從那裡為我們糴些米來，使我們可以存活，不至於死。」

　　他的兒子們一聽到就嚇得驚惶失措。到埃及去！無人吭聲。雅各的兒子們雖然百般不願意，可是沒有藉口推卻，又不敢違背老父再三的催促，加上餓怕了，只有硬著頭皮，都下埃及糴糧去了。

　　約瑟的弟弟便雅憫，雅各不讓他和哥哥們同去，因為埃及路途遙遠，雅各怕像上次打發約瑟去找他哥哥們一樣，竟然一去不返。他心裡曾經懷疑過兒子們的作為，只是沒有充分的證據。所以他堅持不讓便雅憫去，他說：「恐怕他遭害。」

　　以前約瑟的曾祖父亞伯拉罕也曾經到埃及去避荒災，因為他所居的迦南地曾遭遇饑荒，缺乏糧食，亞伯拉罕就帶著太太撒拉下埃及去，要在那裡暫居。

　　每次有饑荒時，埃及都扮演著人們避災的地方。這回所有的災民全湧到埃及去。約瑟到處巡視饑情，四處看看百姓來糴糧的情形，並維持治安。他刻意走動，希望能有機會碰到從迦南地來的人，或許可以問他們故鄉的情形；他心裡多期望自己的兄弟有一天也能出現在糴糧的行伍中。

　　一大堆災民排隊等候買米，沒有一隊像雅各的兒子們這麼的醒目，吵雜的市集中，十個兄弟排在一起，風塵僕僕，面容枯乾，在沙漠中，烈日下奔走多日，嘴角已經乾裂。他們沉默、焦慮的，在人群中等候，希望趕快糴糧完，就快快趕回遙遠的故鄉。「埃及」讓他們的罪行浮顯，每個聲音都像約瑟的嘆息、哭聲與指控，每個身影都像是無助的約瑟。

　　那是個美麗的清晨，約瑟這個治理全國的宰相，法老王

所器重的靈魂人物，就站在高處負責指揮糶糧給各地來的飢民，凡是外國來的人，都要先帶到約瑟面前批准，才能買糧。

二、兄弟初次相見

你們要謹慎！

若是你的弟兄得罪你，

就勸戒他；

他若懊悔，

就饒恕他。　　　　　　　　　——〈路〉十七：3

　　約瑟的哥哥們被帶到約瑟面前，他們都低著頭，看來是那麼的卑微與驚恐。他們臉伏在地上，向約瑟下拜。約瑟一眼就看見他哥哥們，並且認得他們，他的心砰然、快速的跳動著，又驚喜、又惜怯。這竟然應驗了多年前約瑟的夢——所有的禾捆、星辰都要向他下拜。

　　約瑟認得他哥哥們，可是他們卻不認得他。近二十年了，約瑟從一個天真無知的年輕人，變成為一位被倚重的宰相，身穿著細麻布的朝服，頸戴金鍊，高高在上，威風凜凜，完全是埃及貴族的打扮，他掌管法老的財政，又是埃及宰相，持有法老金印，位高權重，許多隨從簇擁著，他整個人的氣質神采都改變了。

　　約瑟看到哥哥們就好像陌生人一樣，態度嚴肅冷峻又威

嚴，他很想知道哥哥們對出賣他的往事是否有罪惡感，他仔細地觀察他們，然後就用很嚴厲的口吻對他們說：「老實說，你們到底是從哪兒來的？」翻譯官把約瑟的話告訴他們，他們十個人低著頭驚慌的說：「我們是從迦南地來買糧食的。」

約瑟腦海裡，閃過從前在迦南美好的歲月，藍天白雲下的帳棚旁，每天聽父親講著祖父以撒與曾祖父亞伯拉罕的事，父親如何為了母親拉結替外祖父拉班做了十四年的工，如何趁著拉班去剪羊毛時，母親抱著他匆忙逃出巴旦亞蘭，一路被追趕。父親又怕又不得不遇到大伯父以掃，全家人分批前進的往事。還有他自己幼時所做的那兩個夢，被他們嘲笑、怒斥的情形，真是往事歷歷，全部鮮活的在他腦海裡舞動著。

他想要知道這些年來，哥哥們的品德是否改變了？是否良心發現了？這幾年有沒有為自己當年所做的壞事後悔？一方面更想知道家鄉的情形，老父雅各好嗎？還健在嗎？為什麼沒有看到小弟便雅憫，他們之間相處的情形。他娶妻生子了嗎？約瑟很想和他們相認，又擔心如果他們一知道自己就是約瑟，恐怕會心生恐懼，防他報復，就套他們的話說：「不！我一點兒都不信你們所說的！」約瑟冷漠地說：「你們看起來像是奸細，可惡的奸細。」約瑟故意說他們是奸細，因為埃及是當時的強國，常有亞述帝國派來的間諜，從迦南地進入埃及，來窺探情況。

被指為奸細

　　哥哥們嚇出一身冷汗，恐怕沒糴到糧，還惹出一身禍。如果真的是奸細的話，他一定會把他們全掛在木架上處死的。就趕快謙卑的否認說：「我主啊，不是的！不是的！僕人們真的是來糴糧的。我們十個是兄弟，都是一個人的兒子，是誠實人，僕人們並不是奸細。」約瑟還是非常生氣，他搖搖頭，說：「你們以為我這麼輕易就相信你們。你們看起來就像是奸細，來窺探這地的虛實。我如果放了你們，不久你們就會帶著大軍來攻打我們，搶我們的糧食。」

　　哥哥們自稱僕人，還強調自己只是一個人的兒子，不斷的辯駁說，哪有可能全家人都當奸細，一再保證他們都是「誠實人」出身，來埃及的目的只是來糴糧的。

　　十個兄弟站在惱怒的埃及宰相面前，約瑟根本不聽他們的辯解，一口咬定說：「不！看樣子你們必是窺探這地的情報。你們是來擾亂秩序的。」怎麼辦呢？他們不安地相對無言，終於鼓起勇氣申辯說：「宰相大人！請聽我們說，我們兄弟一共有十二個人。是迦南地一個人的兒子，最小的現在留在我們的父親那裡，另外一個不在了，因此只有我們十個來買糧食。」哥哥們口中含含糊糊的說：「有一個沒有了」，他們沒有直接說出，是死了？或者是失蹤了？

　　聽這十個兄弟回話的時候，約瑟仍是無法窺知他們心中真的感受，所以他臉上還是非常嚴厲，臉色一點兒不改。他

們講完之後，是死一般的寂靜。

「我才說你們是奸細，這話果真不錯。」約瑟堅決地說：「好吧，我現在給你們一個機會，好證明你們所說的是真是假，若是騙人的，我指著法老的性命起誓（因為法老在當時最大），你們一定不能離開這埃及地。聽著，我不願掉以輕心，如果你們果真有個小弟，現在打發你們中間一個人去，把你們的兄弟帶來，其他的人，都要關在這裡，好證明你們的無辜。」

約瑟要想個辦法讓便雅憫來相見，一定要逼他們打發一人回去，帶便雅憫來。哥哥們簡直嚇壞了，不敢再說什麼，唯恐冒犯宰相遭到殺身之禍。早知道他們就不到埃及來了。

監禁的省思

於是約瑟一下命令，立刻來了好多士兵，把他們兄弟十個都關進監牢裡，三天之後，他們又被帶到約瑟面前，個個臉色蒼白，怕得不得了。這個刑罰讓他們蹲在黑暗、密不透風的地牢裡，讓他們的心安靜下來，可以嚐嚐關在監牢的痛苦，也可反省當初對待約瑟是多麼殘忍無情。哥哥們終於有機會面對自己的錯誤。

第三天，約瑟把他們從監牢裡提出來，對他們說：「我是敬畏神的人。」約瑟這次不提法老，而是提到以色列的神，可是他講埃及文，兄弟們也聽不出其中的奧妙。約瑟說：「這幾天我一直在想這件事。」他接著說：「我想到一個更好的辦法。

你們只要照我的話去做，就可以活著。你們的老父親、妻子和兒女都在迦南等糧食。所以我改變計畫了，我讓你們當中留下一個當人質，其餘的可以帶糧食回家，拯救你們家裡的饑荒。下次你們再來的時候，一定把你們的小兄弟帶到我這裡來，我就知道你們說的是實話。如果你們不同意這麼做，那麼你們都沒有命。」

他們兄弟十個嚇得魂不附體，約瑟這番要求叫他哥哥們太為難了。好像二十年前的故事要重演了，宰相提到他敬畏神，顯然他很認真，但令人詫異的是，他不再要求打發一個人回家去帶便雅憫來，而是只留下一個人，便讓他們都走了。看來這位埃及宰相好像心胸很寬大，但馬上他們便知事情更糟糕了！他們內心的平安已經被擔憂所取代了。因為他們又要再一次面對去見年老的父親，告訴他要暫時失去一個兄弟。

他們也明知道，自從老父雅各以為約瑟死了以後，最疼愛便雅憫，這次都不肯讓他來，下次更不會答應了。

經過三天的拘禁，他們面對自己內心的掙扎，想到以前約瑟苦苦哀求，他們充耳不聞，現在惡有惡報了。他們七嘴八舌的說：「我們當初太殘忍了，不該把約瑟賣掉。當時他嚇得要死，一直苦求，可是我們都狠著心腸不肯聽，一點兒都不可憐他，硬著心把他賣了。所以現在報應來了，苦難臨到我們身上了。現在輪到上帝懲罰我們，這真是我們應得的。」

大哥流便曾經為了想救約瑟脫離其他兄弟的手中，他勸他們不要殺他，把他丟在坑中，想利用機會來救他。流便說：

「這真是我們該得的懲罰。我不是一直勸告你們，不可傷害那孩子嗎？我們在約瑟身上太狠了，只是你們不肯聽，他苦苦哀求你們還是不放過他，所以把他賣掉的罪來報應在我們身上了。」

他們不知道約瑟聽得懂他們所說的每一句話，因為在他們中間有翻譯傳話。

約瑟想到這些兄弟，其實都記得那件出賣自己的事，這幾年內心一定受到許多的折騰，他按捺不住，加上他剛才知道長兄流便曾阻止其他哥哥們殺害他，心頭一酸，淚水湧上心頭，便轉身退去，就痛哭了一場；又回來對他們說話。

忽然，約瑟叫了幾個士兵來，吩咐他們幾句。他們立刻就過來，抓住西緬，把他綁住，帶回監牢。他就是那個不能回家，留下當人質的。

約瑟為何挑選西緬？因為以前流便曾經嘗試阻止兄弟殺他，西緬正是帶頭起鬨，對約瑟下毒手的人，他甚至曾粗暴戲弄過約瑟；而且約瑟心裡認定放流便返回迦南地，他是長子可以說服雅各讓他們帶來便雅憫。

約瑟當眾綑綁西緬，是要讓哥哥們清楚明白，他是玩真的，如果不帶便雅憫來埃及，他絕不會放過他們的。同時他也要試驗哥哥們是否團結？看看他們對西緬被綑綁的反應？他們會不會聯想起當初是怎麼綑綁約瑟交給米甸人的情景？

銀子仍在口袋裡

　　約瑟吩咐人把糧食裝滿所有哥哥們的器具，把各人的銀子歸還到各人的口袋裡，又給他們路上用的食物，約瑟手下的人，就照他的話辦了。

　　約瑟的兄弟們趕緊把糧食馱在驢上，離開埃及回迦南地去了。

　　他們返回迦南地的行程，大概要一星期左右。在路途上一到了住宿的地方，他們中間有一個人打開囊袋，要拿飼料餵驢，才看見自己已經付給埃及大官的銀子仍在口袋裡，就對弟兄們說：「我的銀子被歸還了，天哪，仍在我口袋裡！」他們就提心弔膽，擔心這是埃及人栽贓的手法，不知要如何陷害他們。那宰相一定會說是他們偷的，這如何是好？他們簡直被搞糊塗了。他們戰戰兢兢地彼此說：「這是神向我們做什麼呢？」他們像其他的希伯來人一樣，認為每件事都在神的掌管之下；現在屢遇難題，一定是神不喜悅他們，叫他們受苦。心想為什麼偏偏我們會遇到這麼怪的事，一定我們哪些行為得罪神了？

　　他們當然不能瞭解約瑟把錢包放回的心意，他不想收取家人的金錢，好讓他們在饑荒的日子多幾個銀錢可以防身，並且他想知道西緬抵押在埃及，哥哥們是否會為這些「銀子」而出賣西緬，不返回埃及，彷彿當年出賣自己一樣。

回到迦南地

　　他們一路上很擔心，想到面對他們的父親雅各該怎麼說。離家近了，遠遠地就看見老父雅各在帳棚外面迎接他們。看見兒子們平安的回來，他心裡很高興，只是怎麼又少了一個，忽然他站住不動，迫不及待地問道：「西緬呢？怎麼沒看到他？」

　　他們趕快將所遭遇的事都告訴他，那個埃及的大宰相多麼的嚴厲，怎麼把他們兄弟當作奸細，把他們下在監牢裡，他們如何辯駁自己是誠實人，一共有十二個兄弟，其中一個沒有了，最小的還和父親住在迦南地。沒想到埃及的長官對我們說：「如果要我知道你們是誠實人，就留下你們中間的一個人在我這裡，你們可以帶著糧食回去，救你們家裡的饑荒。但是他硬要把西緬留下當人質。他還命令我們下次去的時候，一定要把便雅憫帶去，才能證明我們不是奸細，是誠實人，否則他不放西緬。」

　　哥哥們一面說著，一個個打開口袋，發現每個人的錢包都安放在口袋裡。他們和父親看見錢包都很害怕。雅各心裡更懷疑，難道糴糧卻沒有付錢？這些人到底在搞什麼？丟了一個約瑟，現在又失去西緬，還想要奪去便雅憫，先殺了我吧！

　　「不行！」雅各激動地說：「我絕不能讓便雅憫去。他得留在我身邊。」雅各說什麼都不肯讓便雅憫去。他滿腹牢騷。心裡想別人糴糧都平平安安，為什麼你們麻煩特別多？如果

不讓便雅憫去埃及，西緬便永不能回來，如果讓便雅憫去了，會不會和西緬一樣回不來？他陷在兩難之中，悲慘的對他們說：「你們到底做些什麼事？使我喪失我的兒子，約瑟沒有了，西緬也沒有了，你們又要將便雅憫帶去埃及，為什麼這些不幸的事都歸到我身上了？」

雅各不能明白為什麼這麼倒楣？要面對接踵而來的悲劇和喪子，好像每一件事都和他作對，他心中的悲苦和不滿，幾乎一觸即發。

「可是，父親，他非去不行，否則我們不但買不到糧食，大家都要受罪坐牢。」他的兒子們回答說。

流便因為是老大，上次已經失掉一個約瑟，現在又失去西緬。他不忍心看見老父喪子的悲痛，不斷請求父親准許便雅憫同去埃及，就說：「父親！這樣吧，如果我不把便雅憫帶回來，你可以殺我的兩個兒子。只管把便雅憫交在我手裡，我必帶他回來交給你。」雅各怎麼可能傷害自己的孫子？

雅各聽都不想聽，便一口拒絕，「不行！」他激動地說：「我絕不能讓便雅憫去，他得留在我身邊。」因為失去約瑟，不能再失去便雅憫了，他們是他心愛的拉結所生的兩個兒子。難怪他不滿的說：「他哥哥死了，只剩下他，他若在往埃及的路上遭害，那便是你們使我白髮蒼蒼，悲悲慘慘地下陰間去了。」

雅各到現在仍沒學到教訓，依然偏愛著拉結的兒子們，其他的兒子們把那個埃及的大官形容得威風凜凜，加上那些

口袋裡沒有付帳的銀子，使他們好像犯了偷盜的罪，便雅憫一去會被當賊看，不是等於自投羅網嗎？雅各無視其他兒子的存在，他眼中把便雅憫當作唯一剩下的兒子。

　　這個家庭成員都各懷鬼胎，雖然現在有了糧，可是家中卻瀰漫著一股悲哀、嫉妒、憤怒、悔恨、失望和擔心。父親不讓便雅憫去埃及，糧食吃完了怎麼辦？不帶便雅憫去就等於要害死西緬，所有家人都可以感受到暴風雨即將發生，好像冥冥之中有事將要發生，他們的內心受到煎熬、啃噬著。

反省與應用

一、如果有人曾經得罪我們，我們是否應以惡報惡，存心報復？

二、約瑟為什麼不和他的兄弟們相認？是否他仍含恨在心？還是有別
　　的隱情？約瑟處理弟兄們的手法是否合乎常理？他為什麼堅持要
　　哥哥們把便雅憫帶來？你在處理問題時有適度的靈活性嗎？

三、坐牢三天對約瑟的兄弟們有什麼益處呢？你在苦難中有沒有為以
　　往及現在的行事為人「自省」？

四、我們是否像雅各把兒子的生命當作生命的全部，有時候就算失去
　　愛兒，憂傷之後，仍要繼續的生活，失去的兒女並不希望父母哀
　　傷過度而一蹶不振。而且為人父母的不可偏心，會使家人和自己
　　承受許多不受公平待遇的痛苦。

五、流便計畫犧牲自己兒女，兒女是我們擁有的「物品」嗎？父母有
　　沒有權力用他們的生命作為抵押或犧牲？

六、為五斗米折腰是可恥的嗎？有時為了生存與責任供養家人，我們
　　對職業是否不分貴賤？

七、雅各喪失愛子而痛苦，約瑟也因見到兄長而痛哭。你認為流淚是
　　羞恥的事嗎？還是以為流淚是情感自然的流露，不用太壓抑？

第六章
再往埃及地

約瑟發現二十年來哥哥們改變了，

他們爭著為任何意外負責任；

他們承認自己有錯；

他們為其他弟兄所得的更多，

不是嫉妒而是歡喜。

一、再度下埃及糴糧

水仙花的球莖，

被刀割的越多越深的傷痕，

它就越能吐出更多的花蕊；

檀香樹愈被斧鉞砍伐斷傷，

它就愈能煥發幽邈的香氣；

人若想獲得饒恕，

就必須先饒恕並祝福他的仇敵。

迦南地的饑荒實在太嚴重了，約瑟的哥哥們從埃及所帶回來的糧食全部吃光了，全家又再度面臨著飢餓致死的危險。他們期望饑荒趕快過去，土地能長出豐富的糧食。他們實在不知道荒年到底要持續到多久？

大地仍然是枯乾、焦黑的、悶熱的，田間都一無所獲。不久，米缸裡一點存糧都沒有了。雅各實在別無選擇，只好吩咐兒子們說：「你們再去埃及給我買些糧來。」

匱乏有時是原動力，驅使人們要想些辦法，做點什麼改變。唯有再到埃及去購糧，才能解決缺糧的問題。

「父親，我們不能去，除非你讓我們帶便雅憫一塊兒去。」哥哥們說。雅各心想只要花點錢，就可買到糧，何必那麼麻煩非帶便雅憫去呢？這些日子他已經稍微減少對西緬留在埃

及當人質的掛念。可是天公不作美，荒災有增無減，實在快撐不下去了。如果再去糴糧，就要冒著損失便雅憫的危險。

「你們為什麼要那麼多嘴？告訴他你們有個弟弟。」他埋怨地說。雅各本來就不太信任兒子們，他怪罪兒子們的多嘴，糴糧就糴糧，幹嘛還要戶口調查呢？

「我們哪裡知道他會叫我們帶便雅憫一同去？」他們辯護著說：「他問我們，我們就只能老實的回答。誰想到他會要我們把便雅憫帶著一起去。」

雅各滿面愁容，他知道他非得讓便雅憫去不可，否則他們全家都要餓死。

上次大哥流便的提案已經被父親否決。這回猶大主動加入遊說，他說：「父親！那個埃及宰相再三告誡我們說：便雅憫非去不行，否則我們不但買不到糧食，大家都要受罪坐牢。請讓便雅憫跟我們去。」

猶大這些話，引起雅各的不滿，他就是想逃避失去便雅憫的危險。可憐的老雅各說：「你們根本就是想要害死我嘛！你們為什麼這樣害我，硬要把便雅憫從我身旁奪走？」

猶大對他父親雅各說：「父親啊！便雅憫若不去，西緬就不能回來。你若早一點打發便雅憫與我們同去埃及，我們現在都第二次回來了。我們家的婦人孩子，也都能夠存活，不至於餓死。」「父親啊！我以我的性命擔保，我會一路照顧便雅憫，帶他平安回來。他若不回來，我也不回來。我以生命保證我必保護他。」

　　猶大說服父親說到埃及購糧是很重要的事，否則全家三代，婦人小孩都要命喪黃泉。他保證萬一便雅憫沒回來，他願意一命換一命。而且如果不是父親在那邊耽擱的話，現在早就第二次都回來了，他暗示父親事不宜遲，早去早回。

　　他們的父親雅各看到目前只有兩條路可走，如果大家留在迦南，一齊餓死，這會讓便雅憫也餓死；只好冒險讓便雅憫去埃及，有機會購買糧食回來，也有可能不失去便雅憫，全家還可活著。

　　雅各眼看事情發展成這樣，只好說：「如果只有這條路大家才能存活的話，你們要帶些迦南地的土產給那人作禮物。選最好的乳香、蜂蜜、香料、沒藥、開心果、杏仁都取一點，收在器具裡，送去給那人作禮物。」乳香是埃及人愛用的香料，蜂蜜是蜜棗和葡萄壓榨過的糖漿。開心果、杏仁都是堅果類，埃及並沒有出產。他期望那位大官高擡貴手，不要誤以為兒子西緬是壞人，也不要故意刁難便雅憫並扣留他，讓他們早日平安回到迦南的家。

　　他不斷的叮嚀說：「你們要帶兩倍銀子去，還要帶著上次歸還在你們口袋內的銀子，可能是上次弄錯了，你們要記得還人家啊！還有你們路上要好好照顧便雅憫，帶著便雅憫去見那人。」

　　十個兄弟帶著他們預備的禮物，又加倍地帶著銀子，還有便雅憫，立刻馬不停蹄的下到埃及。

　　雅各在帳棚前站了好久，一直看著他們的駱駝走遠，心

裡七上八下，不知結局是福是禍。

　　「神啊！」他祈求神說：「求你讓那人善待他們；求你讓那人相信他們。賜福他們一路上平安，早去早回。」然後，他才慢慢地走回自己的帳棚。

　　下埃及的路黃沙遍野，晝夜溫差又大，清晨及晚上冷得叫人直打哆嗦，但當陽光一出現時，大地就如同烤箱一樣悶熱，兩旁的土地都像焦黑一般，熱氣直冒，他們來到埃及，高大金字塔依舊沉默的矗立在黃沙飛揚當中。

　　遠遠的就看到許多從各處來糴糧的人，焦急的等著購糧，哥哥們忐忑不安，加入了糴糧排隊的人群中，不知道還會遇見什麼事。很快的他們被帶到約瑟面前。

　　約瑟見到所思念的弟弟便雅憫和他們同來，就對宰相府的管家說：「將這些人領到屋裡，要宰殺牲畜，預備筵席，因為中午這些人要和我一起吃飯。」

　　約瑟說的是埃及話，他的兄弟們聽不懂，以為又要把他們關進監牢。

　　「哦！我主啊！我主啊！」他們對帶走他們的人說：「我主啊！你大概以為我們上次來的時候偷了銀子。其實我們並沒有這樣做。不知道是誰把銀子放在我們的口袋裡，所以這次我們帶了雙倍的銀子來。你看，銀子都在這兒，你可以知道我們都是老實人。」

　　沒想到管家竟親切地回答他們：「不用擔心。我知道你們上次來的時候沒有偷銀子。」

　　管家領他們進約瑟華麗高大的屋子裡，奴僕穿梭其間。他們沒想到要被領到約瑟的屋裡，就心裡更害怕，說：「領我們到這裡來，一定是想藉機挑我們的毛病，下手想要害我們，強拉我們做奴僕，搶奪我們的驢。」

　　因為哥哥們一生都足住在希伯崙，最多也只是在附近放牧牛羊，成天與牛羊為伍，他們既害怕又無知，以為富強的埃及人像器量狹窄的小部落，想要設計奪取他們的驢、駱駝等。

　　哥哥們以常理判斷，這位大官忽然變得這麼友善，那麼多人來糴糧，就只有他們被領到他的官邸去，一定不懷好意，想要下圈套陷害他們。他們覺得面臨危機，一定要警覺行事，所以就挨近約瑟的管家，只敢站在屋門口和他說話，先弄清楚，免得等一下進入屋子後，無法脫身。他們趕緊再次辯解說：「我主啊，我們上次從迦南地到這裡，只是要糴糧，後來到了住宿的地方，我們打開口袋，不料，各人的銀子仍在各人的口袋內，現在我們把銀子又帶回來了；另外又帶了銀子來糴糧。我們真的不知道先前是誰把銀子放在我們的口袋裡。」

　　管家知道主人的心意，主動安慰他們說：「你們可以放心，不要害怕，是你們的神和你們父親的神賜給你們財寶，在你們的口袋裡；你們的銀子，上回我早已收了。」

　　他們聽到管家這一番話半信半疑，真不知道他到底要玩什麼花樣，管家還把西緬帶出來，交給他們。他們看到西緬

別來無恙，才敢放心的跟入宰相府中。

　　管家就領他們進約瑟的屋裡，他們從沒看過這麼的富麗堂皇，珍貴的擺設，好像王宮一樣，這和迦南的帳棚有天壤之別。佣人們給他們水洗腳，又給他們草料餵驢。

　　西緬和他們親嘴擁抱後，急著問好多問題：「父親好嗎？妻子好嗎？兒女好嗎？」兄弟們都一一作答。西緬也把這些日子他在獄中的情況告訴大家。

　　兄弟們被尊為貴賓，心中仍是怕怕的，擔心其中有詐，趕快預備那些帶來的厚禮，等候約瑟中午回來，因為他們聽見要在宰相的官邸吃飯。

二、兄弟們再度向約瑟下拜

　　你不再是個腳鐐手銬

　　賣身的奴隸，

　　活著是悲劇

　　死了也是無聲息。

　　你是神智慧的結晶

　　策劃已久的工具，

　　祂要用你，

　　製造祂的器具。

　　機敏的天使時時守著你，

　　以免粗笨的手

鑿壞了你脆弱的身軀。

你若破碎了——

難道創造你的祂

會離你而去，

或任你朽壞嗎？

—— 費尼

因為你通過考驗，

如在火窯中熬鍊

成為精金，

所以你能承受祝福，

他們必要向你下拜。

中午，約瑟回到家裡，哥哥們看到宰相回家，就趕快把帶來的禮物，拿進屋去給他，又俯伏在地，向他下拜。

這一回宰相的態度跟上一回完全不同，他對他們親切友善，對便雅憫更是流露出無比的關愛。他問他們：「你們的父親，就是你們所說的那老人家平安嗎？他還在嗎？」約瑟很想知道在饑荒的年頭，愛自己的老父親近況如何？

他們戰戰兢兢的回答說：「你僕人我們的父親平安，他還在。」他們謙稱為「僕人」，實在是面對埃及的大官，而且是掌管他們糧食的長官，若他不賣糧食給他們，全家都要餓死了，於是他們低頭下拜。這已經不是第一次他們向約瑟下拜，約瑟的夢變成真的！

　　約瑟舉目看見他同母的兄弟便雅憫，愛憐的招呼他說：「你們向我所說那最年幼的弟弟就是這位嗎?」自然的流露濃厚的情感說：「小兒啊，願神賜恩給你!」

　　約瑟看到多年不見的手足，想到母親拉結死後，他們都在父親的愛中成長，每想到自己遭嫉妒，被賣到埃及，便雅憫當時年紀很小，他自己沒法照顧襁褓中就失去母愛的便雅憫，二十多年來，音訊全無，現今唯一的親弟弟小便雅憫長大了，也娶妻生子了。他愛弟弟的感情激動著，就像火山要爆發般，在心中沸騰滾燙著，就急忙尋找可哭之地，進入自己的房裡，盡情的大哭了一場。貴為一國之尊的宰相，在親情的暖流中，鐵漢也會像冰山融化。

　　他洗了臉出來，勉強隱忍著激動，吩咐人開飯。雅各的兒子們要在宰相府同宰相一同用餐，多有尊榮啊!

　　約瑟展現埃及富足的大排場，以及貴為一國宰相的氣派。佣人們就為約瑟單獨擺了一席，為他的兄弟們又擺了一席，也為和約瑟同吃飯的埃及人另擺了一席；因為埃及人，有強烈的優越感，仗恃著國勢強大，他們不願意和希伯來人一同吃飯，認為外族人不諳宗教規矩，擔心會玷汙他們的食物，而且也怕降低身分。哥哥們這些鄉巴佬，原是養牧牛羊的，沒見過這種場面，現在都屏氣凝神，看下一步要怎麼走。

　　約瑟使眾弟兄在他面前排列坐席，大哥流便坐在上座，二哥西緬坐在他旁邊，然後是利未，下一個是猶大，這樣一個個坐下去，完全照著他們的年齡排行。他們都覺得很奇怪。

宰相怎麼會知道他們的年紀?眾弟兄都感到很奇怪而且不安。他們擔心是否有神在干預這事。不明白這埃及高官怎麼會知道他們兄弟的排行，心中讚嘆約瑟果真是大有智慧的宰相。

豐富的瓜果、烤牛、羊排，色、香、味俱全擺滿了整張桌子。約瑟給他們夾菜，一人　份。約瑟故意給便雅憫多夾了五份。他們都看出他們和便雅憫的待遇不同，可是他們既不嫉妒，也不動怒。他們飲酒啖肉，和約瑟一同宴樂。

二十年前，哥哥們把他丟在多坍的坑中，不理他在挨餓、哀嚎，仍自顧吃自己的飯，二十年後，他已有能力報復哥哥以前的所作所為，他不但不令哥哥們挨餓反而宴請他們。哥哥們看到便雅憫得到五倍的食物，不像二十年前嫉妒他的彩衣。

約瑟發現二十年來哥哥們改變了，他們爭著為任何意外負責任；他們承認自己有錯，願意歸還袋子裡的銀子，他們心裡誠實，不像以前欺騙自己的父親說約瑟已死；他們為其他弟兄所得的更多，不是嫉妒而是歡喜。他們的品德與人格已經日漸成熟，因此神才能藉著他們祝福全世界。

反省與應用：

一、雅各全家面臨饑荒時，如何應付？你面對種種的功課、升遷、經濟的壓力和挑戰時，又怎樣應付呢？

二、雅各既然祈求神憐憫，使埃及官員釋放便雅憫，為什麼還要送上乳香、蜂蜜、香料等名貴用品作禮物呢？雅各的心境是怎樣的？這對你瞭解年老人有什麼幫助呢？

三、埃及人不與希伯來人同席，他們不屑與外族人同席吃飯。你心裡有沒有同樣的自傲，不肯接納其他族群呢？

四、約瑟在大饑荒時大擺筵席，又在埃及同仁中接待沒沒無名的以色列人，對他的聲望及地位會有什麼影響？英雄不怕出身低，你是否在宴請公司長官、同仁中，羞於介紹來自鄉下不識字的父母、不爭氣的兄長？

五、約瑟對雅各和眾兄弟流露的親情毫無掩飾。你與手足情感密切嗎？

第七章
兄弟相認

不要因為把我賣到這裡自憂自恨。

這是神差我在你們以先來,

為要保全大家的生命。

一、設計留住便雅憫

倘若你的弟兄得罪你，

你就趁著只有他和你在一處的時候，

指出他的錯來。

他若聽你，

你便得了你的弟兄。　　　　　——〈太〉十八：15

　　約瑟為了想知道經過這麼多年後，哥哥們對於出賣他到埃及的事，是否真心悔過，便想出一個計畫。

　　等兄弟們都酒足飯飽後，約瑟悄悄的吩咐管家說：「你去看看他們的驢子能馱多少的重量，就把多少糧食裝滿這些人的口袋，又把他們糴糧的銀子放回各人的口袋裡，並將我的銀杯和那個少年人糴糧的銀子，一同裝在他的口袋裡。」管家就照約瑟所說的話去做。

　　天色未亮，約瑟的哥哥們想到這回糴糧總算大功告成，就帶著驢急著要趕回迦南地了。他們一出城門，走了不遠，約瑟對管家說：「起來，趕快去追那些人，追上了就對他們說：『你們為什麼以惡報善呢？你們為什麼順手牽羊呢？為什麼要偷走我主人飲酒的銀杯？這不正是他占卜用的嗎？你們真是作惡多端。』」

　　金黃色的陽光，剛穿過雲層，埃及的清晨冰涼得很，城

郊外的衢道已有駱駝商隊絡繹不絕的往城門湧進，人們已經開始一天的作息，難民們迫不及待的入城，準備排隊糴糧，街道由安靜變成熙攘。金字塔遠遠的聳立，高聳的方尖碑在陽光中顯得壯觀，人面獅身仍靜靜的佇立在黃沙中，好像一切都順利美好，回迦南的路上，一切都平安。兄弟們正慶幸這次羅米蒙神保佑，都沒遇到什麼麻煩。心情輕快的踏上歸程，絲毫未察覺口袋裡有任何異樣。

　　西緬重獲自由，深深的吸一口自由的空氣，能回家的感覺真好。便雅憫也可以安然返回，這證明老父雅各的顧慮是多餘的。而且他們還博得宰相的好感，還他們清白並且設宴款待，每個人的囊袋都是豐滿的，此行真是成功完滿達成任務，父親看到他們不知會多麼高興。

　　往迦南的方向奔馳時，他們的心情特別好，因為西緬可以跟他們一起回家，便雅憫也沒有被扣留。他們一路上有說有笑。正當在慶幸之時，突然黃沙飛揚，耳後傳來許多人追趕的吵雜聲，原來管家帶著一批身強力壯的人馬已經追上他們。這種追趕情形就像當年雅各要逃離母舅拉班住的巴旦亞蘭，約瑟的母親拉結偷走拉班家象徵繼承權的神像而追趕雅各，同樣的緊張。

　　管家喝令他們停下來，一夥人跳下馬來蜂湧而上，不分青紅皂白的把他們逮捕，對他們兇狠的說：「我主人這麼恩待你們，你們竟然不知好歹，為什麼忘恩負義，真是可惡。」

　　他們驚惶失措的瞪著他看，不知他在說什麼，就問道：

「你為什麼這麼說，大人?」「你們自己心裡明白。」管家乾脆說:「你們是小偷。」「小偷! 我們……?」他們還是不知所云。

　　「不錯，你們是小偷。」管家再次說:「我的主人對你們那麼好，但是你們卻把他心愛的銀杯給偷走了。你不知道這是他占卜用的嗎?」

　　在埃及有許多術上用銀杯占卜就好像吉普賽人看水晶球一樣。有的放幾滴油、茶葉，或是丟一兩件小東西到酒杯中，然後看它的紋狀，判斷事情的吉凶。這種觀測未來的事，當時在埃及很流行。但這種占卜行為以後在以色列的律法中是要被處死的。管家這麼說只是要唬唬哥哥們。

　　這事好像晴天霹靂般，讓人震驚，惡事又上門了。哥哥們矢口否認說:「你為什麼要這麼說呢? 你僕人們絕對不可能做這種忘恩負義的事。你看，我們連上次買糧的銀子都特地從迦南地帶回來還給你們，怎麼可能偷一個銀杯?」

　　他們深信自家兄弟的清白，不會有人膽敢偷那銀杯，就大聲說:「你搜好了。在誰的口袋找到，就要誰的命。如果真的有人偷，我們就留在埃及當我主的奴僕。」

　　管家不加思索的說:「很好，現在就照你們的話去做吧。我不會連累任何人，我從誰那裡搜出來，誰就要跟我回去作我主人的奴僕，其他人都可以回迦南去。」

　　於是約瑟的兄弟們，各人急忙把自己的口袋卸在地下，一一打開口袋。

　　全部的人都肅靜等候檢查。管家從流便的口袋開始搜查，

翻翻找找查得很仔細，銀杯並不在裡面，接著檢查西緬和利未的，杯子也不在那裡；再查猶大的仍不在那裡，就這樣從年長的開始查起，可是一直都找不到。他們有氣無力、無奈的等著，心裡想：「看吧！真的就是沒拿嘛！儘管搜啊！你一定搞錯了！」

時間靜悄悄的流逝，現在只剩下一個口袋，那就是年幼的便雅憫，其他的人把自己的袋子一一綁好。他的口袋一被打開，啊！那銀杯竟然在裡面，在陽光下閃爍著。銀杯在便雅憫的口袋裡搜出來了！

這時，哥哥們都瞪大了眼睛，屏住氣息，簡直嚇壞了！便雅憫吃驚的程度並不下於他的哥哥們。怎麼可能！銀杯怎會落在最年輕的便雅憫口袋中？這太離奇了，便雅憫明知道這趟購糧的艱鉅任務，也知道老父殷殷倚閭相盼，他不會愚蠢到這種地步，去偷銀杯的！上回購糧的銀子，也是離奇的回到各人的口袋中。他們臉色都嚇得蒼白。

他們懊惱、擔心、害怕，這下子人贓俱獲，百口莫辯，恐怕沒法子帶便雅憫回迦南地了，怎麼跟父親交代？每人都痛心到撕裂各人的衣服，垂頭喪氣，像當年雅各喪失愛兒的悲痛。

哥哥們大可以先帶糧食回迦南地去搶救嗷嗷待哺的家人，但他們絕不肯就這樣棄便雅憫不顧，因為哥哥們都擔心便雅憫會被捉下監，受到傷害，他們怎有臉回去見在故鄉的老父。他們不要這樣不明不白的，就讓便雅憫隨那管家去作

埃及人的奴隸。

　　二十年前，他們曾經蓄意這樣對待過約瑟，那樣的痛楚、控訴還埋藏在內心深處，每個日子都好像看到弟兄在呼救。這麼多年了，像黑暗的毒菌，天天啃噬著他們的心，沒法見天日。自從約瑟不在後，老父親何等傷心，日日思念約瑟，常常覺得活著不如死了好，這樣錐心的痛楚，他們都看在眼裡。這次他千叮嚀、萬交代，一定要帶回便雅憫，否則老父那條命恐怕不保了。

　　他們一籌莫展，急忙把糧食、口袋擡回驢子背上，一夥人默默無言地轉身，踏著沉重的腳步，跟著管家回到約瑟的官邸去了。

二、代替受苦

　　他像羊被牽到宰殺之地，
　　又像羊羔在剪毛的人手下無聲；
　　他也是這樣不開口。　　——〈徒〉八：32

　　那時約瑟仍在官邸中。猶大和他弟兄們戰戰兢兢、沉默、沮喪的回到約瑟的屋中，他們沒有因人贓俱獲而指責便雅憫的偷竊行為，或者棄他不顧。他們團團的圍著便雅憫，深恐他被抓去坐牢。約瑟就站在那裡，他身居一人之下萬人之上，控制著全埃及經濟、政治、軍事大權，只要他一聲令下，可

能把他們全部拘禁，也可能只是扣押便雅憫，他的命令就是法律，全無轉圜的餘地，他操著他們包括老父的生死大權。兄弟們嚇得魂不附體，就在他面前謙卑的俯伏於地。

約瑟眼看著十一個兄弟都向他下拜、求情，就冷冷的對他們說：「你們到底還有沒有良心啊！你們做的是什麼事呢？為什麼恩將仇報呢？竟敢偷我的銀杯，看來我上一次不信任你們是對的。現在不是真相大白了嗎？你們果真是小偷，可惡的賊人。你們難道不知道像我這樣的人，必能查出隱藏的事嗎？這一次我絕不輕易饒你們。」約瑟生氣地說。

他們嚇得啞口無言，誰也不敢擡頭看他一眼。

曾親口向父親擔保，一定要帶回便雅憫的猶大，知道事情到了這地步，便雅憫命在旦夕，就一口承擔所有的責任，他往前邁了一步說：「宰相大人，我們還能對我主說什麼呢？還有什麼話可說呢？我們怎能自己表白出來呢？你願意怎麼處置都行，我們沒話說。神既然因為我們的罪孽報應我們，如今我們都願意留下當我主的奴僕。」

沒有人逼供，猶大承認自己無話可說，而且承認是神查出他們的罪孽來，其實他們的罪不是偷銀杯，而是當年出賣自己的弟兄約瑟，欺騙自己的父親。現在這些哥哥們都嚐到被冤屈的滋味，他們情願留下作埃及宰相的奴僕，但宰相的判決卻叫他們比作奴僕更痛苦。

約瑟搖搖頭拒絕：「不行！我斷不能這樣做，一人做事一人當。只要在誰的口袋中搜出銀杯來，誰就作我的奴僕。至

於你們，可以平平安安的回到你們父親那裡去。」

這樣一來，不是叫哥哥們心中更不安、痛苦嗎？他們站在那裡彼此對看，不久前，他們才信誓旦旦的對父親承諾，無論誰回家一定要帶便雅憫回去。沒有便雅憫他們哪敢回家。

約瑟的哥哥們的確大有改變。二十年前他們把他賣了。現在他們沒有便雅憫根本不敢見父親的面。

流便是兄弟中的老大，照理來說應該由他發言，但是流便與父親的妾辟拉同寢的醜事，玷汙了父親的床，使他逐漸失去長子的領導權。而猶大曾在父親前作保，情願自己永遠擔罪，因此眾弟兄在埃及宰相前的求情，都由猶大代表兄弟們發言。

猶大挨近約瑟，低聲下氣拐彎抹角的向約瑟懇求，說：「宰相大人啊，求您先不要生氣，求您容僕人說句話，上回您曾問僕人們說：『你們有父親有兄弟沒有？』我們對我主說：『我們有父親，已經年老，他的一個妻子為他留下兩個兒子，大的已經死了，小的就是便雅憫，他是我父親的命根子，沒有他，父親是活不下去的，他們倆的命息息相關。這也是為什麼上次他留在家裡沒來。可是您吩咐我們把他帶來，要親眼看他。我們對您說最年幼的弟弟不能離開他父親，若是離開，他父親必死。』您卻對僕人說：『你兄弟若不一同下來，你們就不得再見我的面。』」

猶大停了一下，發現約瑟並沒有發怒，就繼續說：「我們回到迦南地就告訴我們父親要帶便雅憫來，他說什麼也不答

應，可是帶回去的糧食一天比一天的少，眼看就要吃完了。我們若再不來，全家都要餓死。我們再次要求帶便雅憫來，我父親哭哭啼啼說：『我的妻子給我生了兩個兒子，一個離開我死去了，被野獸撕碎了。現在你們又要把這個孩子帶離開我，倘若他遭害，那便是你們使我白髮蒼蒼，悲悲慘慘地下陰間去了。』」

　　「所以我向父親保證，一定會把小弟便雅憫平安地帶回家。現在我若空手回去，父親一定會心碎而死。我們就要悲悲慘慘地為他送終。因此我不能，也不敢空手回去見父親。宰相大人，請您大發慈悲，放了他吧。讓我替他留下來當奴隸，好嗎?」

　　猶大強調父親已經年老，便雅憫是父親最小的兒子，他的命與便雅憫的命相連，他害怕便雅憫不回去，老父一定會悲悲慘慘的死去，全家會災禍臨頭。自己根本沒臉單獨回去見父親，老父已經受過太多的傷害，倘若便雅憫再遭害，而他們兄弟都變成劊子手了，在他的言詞中，十四次提到自己的父親，他的淚水已經爬滿了風霜黑皺的臉龐，所以他請求讓自己留下來當奴隸，讓十個兄弟回迦南去，而且猶大自己曾經喪失過兩個兒子，他瞭解喪子之痛，他知道父親無法再受這種打擊與煎熬。

　　猶大冒著生命危險向約瑟求情。他這樣做是十分危險的，因為約瑟可以因此要他的命；但是他放膽地為自己和弟弟便雅憫求約瑟寬恕，願意代替便雅憫被囚，正表現出他已經與

以前的個性不同了，以前他不敢直斥兄弟要殺害約瑟的毒計，現在竟然有勇氣在埃及高官前為弟弟求情；他曾經建議把約瑟賣給米甸人，帶到埃及的，如今卻甘願作約瑟的奴僕，終生與妻兒分離，好讓約瑟的弟弟便雅憫回到迦南地陪伴父親，使父親安享晚年，不用再遭受喪子的痛苦。以前他曾和兄弟一同撒謊，欺騙父親說約瑟被野獸吃了。他完全不理會弟弟約瑟和父親雅各的感受。但是現在他完全改變了，他的生命被雕塑成更美麗尊貴！

猶大講完之後，一時鴉雀無聲。沒人知道宰相的感受，也沒人敢擡頭看他，大家都低著頭等候。

約瑟發現二十多年來，哥哥徹徹底底的改變了，以前的自私、嫉妒、造成種種家庭紛爭。在歲月的洗禮下，猶大已經脫胎換骨，他通過了最後的考驗，成為一個肯付出、犧牲、認錯改善的哥哥了。約瑟深受感動，自己被賣與親人分離、當奴隸、進監牢的受苦，並沒有白受，他完全情不自禁，不能控制自己。

三、約瑟饒恕哥哥們

很多人的心中都有一個牢籠，
緊緊的鎖著一些和自己過意不去的人與事；
多年來不時的拿出來，
一把眼淚一把鼻涕，

> 哭著、罵著、修理著，
> 再小心翼翼的，
> 鎖回心中的牢籠。
> 仇恨會產生毒根，
> 腐蝕我們的思想情感。
> 釋放這些人與事吧！
> 饒恕別人不僅是美德，
> 也是寬待自己。

　　這些年來，約瑟日理萬機，一直忙著照料災民，發放糧食，處理國政。沒想到在迦南的老父親這麼多年來還在為他哭泣、傷心。現在他聽猶大提起父親，一直沒有遺忘他，又為了幼弟便雅憫遠到埃及，擔心他離家會遭到不測，白髮蒼蒼的老父會悲悲慘慘的下到陰間去。他的心深深被感動，老父的愛這麼長闊高深，觸動他離鄉背井、異鄉遊子的心，這些年被賣、被誣陷、被關，能在異族的政壇中占一席之地，他不知付出多少心血，肩頭有多少的沉重，他再也忍受不住了。多年來築起的心牆，一下子好像火山爆發，又好像洪水決堤一般。

　　約瑟貴為宰相，雖然大權在握，但是一路走來經過多少艱辛，遭遇政敵的攻擊，肩負國事的繁重，荒年使經濟困頓，熬鍊他成為一個理智堅強的硬漢，所有的重擔、委屈、壓力，他全都隱忍了下來，從沒有情緒失控的時候。現在父親的大

愛，哥哥的認罪，十二個兄弟相聚的親情，完全融化了他。

約瑟已經情不自禁，他吩咐所有在場的埃及人說：「留下這十一個人，其他的人全都退下。」

埃及人立刻遵命出去。等人家都出去以後，約瑟關上門，屋裡只剩下約瑟和他的兄弟。約瑟要與弟兄們相認，說些骨肉相親的話，他不願埃及人知道自己是被哥哥們賣來埃及的，所以支開隨從。因此兄弟相認的時候，並沒有一人站在他面前。他哽咽的告訴眾弟兄們：「我就是約瑟。」

他們嚇得幾乎說不出話來，約瑟壓抑不住二十多年來的思鄉、思親，情感全然崩潰，他忍不住就放聲大哭；哭聲之大，甚至在遠處的埃及人和法老家中的人都聽見了。

二十年在埃及的日子，孤單、被歧視、受奴役、被誣告、受冤獄，每天忍耐、等候，在最深沉黑暗的時候，只有神與他同在，默想神的應許。終於如做夢般被提升、高舉、娶妻、生子，所等的就是這一天，難道不讓人興奮嗎？

自從發放糧食起，他每天禱告在迦南的哥哥們能到埃及糴糧。終於遇到了哥哥們，他內心就處於交戰、不安、興奮裡，他擔心失去他們，擔心他們通不過考驗。在晨曦中，在隱密的角落，他看到他們騎著驢離城而去，他擔心他們不會再回來，心中暗暗自責不該放他們走。也擔心弟弟便雅憫會不會真的跟來？他的心一直緊繃著，懸掛著他們路上的安危，怕他們長途跋涉發生意外，怕他們為了糧食，彼此嫉妒，怕他們不顧西緬，更怕他們丟棄便雅憫。現在證明他們通過考

驗了，他們全然改變了。二十多年的壓抑，一下子釋放，當然就盡情哭個夠。

約瑟對他弟兄們說：「我是約瑟。我的父親還在嗎？」他的語氣充滿感情與溫柔，跟剛才那位高高在上，誣賴他們偷銀杯的大官迥然相異。他的弟兄都愣住了，不能回答，怎麼可能！如果約瑟活著，恐怕也是大人官邸中的老奴僕。他們驚惶失措，這位大人竟是被他們出賣的約瑟。

「怎麼可能？真不敢相信！他怎麼能當一國之尊的宰相？真是太離奇了！」「你是約瑟！」哥哥們彷彿見到鬼了！複雜紛亂的情緒直湧上心頭。

一天之內發生這麼多怪事，他們不僅被震懾住了，還感到萬分慚愧。他們想這正是自投羅網，惡有惡報，他會不會對我們施行最嚴酷的報復？

約瑟見他們那麼顫驚，他沒有要求哥哥們道歉，沒有怒罵他們，也沒有對他們冷嘲熱諷，反而安慰他的弟兄們說：「哥哥們不用害怕。來，靠近我一點。」他們就近前來。他又說了一次，「我是你們的兄弟約瑟，就是你們所賣到埃及的約瑟，難道你們不信嗎？我不會傷害你們的。」他誠懇的希望他們，「不要因為把我賣到這裡自憂自恨。這是神差我在你們以先來，為要保全大家的生命。」

約瑟的成功之處，在於他輕易的原諒哥哥們，他不願意哥哥們為自己所犯的過錯，付出慘痛的代價，他只希望他們是真心的改過。他反而安慰他們說：「你們不要自憂自恨」，

他把這些事都歸於上帝的計畫，說：「這是神的美意，神差我在你們以先來」，哥哥們的本意是要滅絕約瑟，但在約瑟的眼中，竟是全能的神扭轉一切的惡事，變成為好事，先到埃及來為他們預備糧食以及居住的所在。所以《聖經》說：「人的忿怒要成全你（神）的榮美；人的餘怒，你（神）要禁止。」（〈詩〉七十六：10）

　　我們在人生旅途中，可能會遇到出身不好、沒有好的資質、沒有好的機會、沒有遇到貴人，更糟糕的是有人陷害，或是被出賣，被遺忘，好像人生中幾乎沒有出路。有如一場人生牌局，手中雖然拿到壞牌，可是經過神的扭轉，神的祝福，也會打贏人生的下半場。約瑟就是一個好的例子，如果他沒有被賣到埃及，被誣陷、被遺忘，使他的個性更忍耐、更謙卑，被波提乏妻子誘惑的時候，展現誠實的美德，成功的通過這些試煉，否則一旦機會來臨時，他是不可能登上埃及宰相的地位。

　　《聖經》有個人名叫雅比斯，他母親生他的時候難產，非常痛苦，他在家中沒什麼地位，也不討父母的喜悅，看起來要翻身很難，所以他的名字叫做「雅比斯」，是痛苦的意思。但是他每天向神禱告說：

　　　甚願你賜福與我，
　　　擴張我的境界，
　　　常與我同在，

保佑我不遭患難，

不受艱苦。

神就應許他的禱告。　　——〈歷代志上〉四：10

　　因為這樣不斷的禱告，神扭轉一切的劣勢，改變他的命運，所以雅比斯「比他眾弟兄更尊貴」，他贏得人生的後半場。

　　有時候我們透過正面的眼光來看世界，或許是別人的陷害、誤會，使我們受痛苦，覺得有損失，活在煎熬當中，其實這是一個性格操練的學校，通過考驗的，加上神的祝福，這些苦難就變成祝福，就有意想不到的人生，得到尊貴與榮耀。

　　在仇恨、報復、不滿的世界中，約瑟卻選擇原諒哥哥們，還再三要求哥哥們不要怨恨自己，不用自責要原諒自己，並解釋是神帶他來埃及，為的是在這荒年保存全家人的性命。他告訴他們：「現在這地的饑荒已經二年了，還有五年不能耕種，不能收成。神差我在你們以先來，為要給你們存留餘種在世上，又要大施拯救，保全你們的生命。這樣看來，差我到這裡來的不是你們，乃是神。祂又使我如法老的父，作他全家的主，並埃及全地的宰相。」

四、約瑟邀請父親到埃及

　　看哪，弟兄和睦同居是何等的善，

　　何等的美！

這好比那貴重的油澆在亞倫的頭上，

流到鬍鬚，

又流到他的衣襟；

又好比黑門的甘露降在錫安山；

因為在那裡有耶和華所命定的福，

就是永遠的生命。　　　——〈詩篇〉一三三：1-3

　　約瑟再一次澄清不是他們把他賣到埃及來，並且三次提到是神差遣他來的，請他們不用憂傷、不要生氣。約瑟提升自己的境界，他不再計較過往的恩怨，他相信神才是一切的計畫者，因為被陷害，反而使他能高居為國家宰相，正統治著埃及，深深受到法老看重。

　　約瑟還提醒哥哥們：「你們知道嗎？還有五年的荒年，所有的土地都不能耕種，迦南地還有苦日子要過。」他要哥哥們趕快回去，告訴父親說：「神已經使你的兒子約瑟做了全埃及的宰相，請你趕快下到埃及這裡來，我要在那裡奉養你，埃及一點都不缺糧食。不要耽延，趕快把家人、孩子，連同牛群、羊群一切的財產都帶來，我會給你們一塊好地，讓你們住在那兒。你們的眼和我兄弟便雅憫的眼，都親眼看見是我親口對你們說話。你們也要將我在埃及一切的榮耀和你們所看見的事都告訴我父親，又要趕緊的將我父親搬到我這裡來。」

　　約瑟熱情的歡迎父親及全家人趕快到埃及避難，否則留

在迦南地，只有貧困與饑荒。約瑟預計規劃埃及的歌珊地，供兄弟們放牧，因為歌珊是尼羅河三角洲東邊一塊富庶的土地。

他又轉向便雅憫說：「便雅憫，你相信嗎？我就是你的哥哥。過來，讓我看一看你，你長大了和小時候很不相同。」便雅憫走過去。二十多年沒見面，手足情深啊！約瑟抱著他就親嘴，並伏在他兄弟便雅憫的頸項上大聲痛哭，便雅憫也在他的頸項哭泣。

約瑟又與眾弟兄親嘴，包括西緬，流便，那些綑綁他，丟他入黑暗的坑中，任他哀嚎哭泣的哥哥們，他抱著他們哭，並和每一位親嘴。兄弟相認的哭聲太激動，分離這麼多年的相思，離鄉的苦楚，相逢的喜樂，都在哭泣中情感得到最大的釋放。

多年恩怨，兄弟終於和解，太令人驚奇、感動。隨後他與弟兄們把酒言歡，訴說著相離二十年來迦南的一切，父親的近況，他到現今還是想念著約瑟，說著哭著笑著，有太多說不完的思念。十二個兄弟終於團圓了，也化解多年的恩怨情仇。

約瑟和兄弟相認的風聲，早就傳到法老的宮裡，他說：「約瑟的弟兄們來了。」法老和他的臣僕都很高興。

約瑟拯救埃及的荒災，貢獻實在太大了。法老非常寵愛約瑟，也愛屋及烏，因此法老樂意為約瑟做一些事來報答他，就對約瑟說：「你吩咐你的弟兄們說：『你們要這樣行：把馱

子擡在牲口上，起身往迦南地去。將你們的父親和你們的眷屬都搬到我這裡來，我要把埃及地的美物賜給你們，你們也要喫這地肥美的出產。現在我吩咐你們要這樣行：從埃及地帶著車輛去，把你們的孩子和妻子，並你們的父親都搬來。你們眼中不要捨不得你們的舊家具，因為埃及全地的美物都是你們的。』」

　　法老十分周到與細心，不僅答應要把埃及最好的土地賞給雅各一家，也預備上好的車輛去迎接老雅各及眷屬，並吩咐他的哥哥們不用為了愛惜舊家具而放棄前來埃及的機會，因為埃及應有盡有，物資豐富有餘。

　　約瑟照著法老的吩咐給他的兄弟們車輛和路上用的食物，又送給他們每人一套衣服，可以在路上替換。多年前他們無情的剝下約瑟的彩衣，現在約瑟竟然還為他們預備美麗的衣服，原本哥哥們嫉妒他的彩衣，現在一筆勾消，贈送「衣服」象徵兄弟的和好。

　　約瑟惟獨給便雅憫的禮物比眾人多五倍，包括三百兩銀子，五套衣服，因為他是他的親弟弟，所以對他鍾愛有加，當年他因父親的鍾愛得到一件彩衣而引起哥哥們的嫉恨，被賣為奴，現在哥哥們如果發現便雅憫多得五倍，老毛病應該不會復發吧！當初約瑟被賣時只值二十兩，現在他贈送便雅憫的三百兩銀子，正是約瑟被賣價錢的十五倍，約瑟對弟兄實在慷慨。當初從便雅憫的口袋中搜出銀杯，讓大家又驚又怕，現在便雅憫可以光明正大的接受哥哥的禮物。

　　約瑟也給父親送一份大禮，他精心挑選出公驢十匹，馱著埃及的美物，母驢十匹，馱著糧食與餅和菜為他父親來埃及的路上享用。

　　等一切都準備就緒，約瑟打發他弟兄們回去，又對他們說：「你們不要在路上爭吵。快去快回。把父親和你們的家眷都接來。我等你們回來，心裡著急得很。」他們滿口答應。

　　埃及到迦南地路途遙遠，約瑟擔心哥哥們會因趕路而脾氣暴躁，或是嫉妒便雅憫所得的比較多，或是擔心要跟爸爸報告難以啟齒的往事，會互相爭執，推卸看誰要負最大的責任，他也怕有人在路上搶糧，反正約瑟就一再叮嚀他們不要害怕、或互相爭吵。

　　哥哥們風塵僕僕的趕路，約走了一個多禮拜的路程，這是他們最輕鬆的一次行程，不用擔心後有追兵，被押回埃及，不用掛心兄弟中留有人質。他們的驢子滿載禮物，心中充滿興奮與感謝，終於回到了迦南地的家。

　　雖然一切都順暢，但要把這充滿戲劇性的消息告訴在迦南的雅各，並不是一件容易的事。因為一面要報告約瑟還活著的好消息，而且已經當了他們夢想不到的埃及宰相，同時也要承認自己的罪行──當時約瑟是怎麼因著他們的嫉妒，被賣到埃及。這些細節很難啟齒。但是要彌補家庭傷害的裂痕，必要的步驟就是要公開承認自己犯的錯，並請求原諒、改過。若是不承認，各人內心的傷害是無法痊癒的。《聖經》說：「我閉口不認罪的時候，因終日唉哼而骨頭枯乾。」（〈詩〉

三十二：3)

　　在迦南的雅各早就站在帳棚前焦急的張望，他每天計算日子，只擔心便雅憫在途中會不會發生什麼意外。他們這次出門的結果會如何呢？上次對他們很不客氣的埃及宰相，這次會不會友善一些？西緬會跟他們一塊兒回來嗎？會不會有意外？會不會……？會不會……？

　　唉！掛慮的事還真多，可是卻沒有答案。

　　晚上，雅各常躺在床上想念著在埃及的兒子們，愁得睡不著覺，他只好握著雙手不停地祈禱。

　　一天又一天過去了。每次聽到什麼聲響，他就以為是兒子們回來了，然後笑自己他們哪可能這麼快就回到家，算著算著再幾天他們就應該回來了。沒想到他們回來的比他預期的要早。

　　哥哥們一到他們的父親雅各的帳棚裡，雅各急忙站起來迎接他們，兒子們個個都興奮的喊著說：「父親！父親！約瑟還在，我們看見他了，原來那個埃及全地的宰相就是他。」雅各聽完後，心頭一震，幾乎無法承受這個消息，便癱在那邊，一動也不想動，他心裡有數，約瑟都死了二十二年了，還開什麼玩笑，他不知道他們要玩什麼花樣，反正他才不信他們的話。

　　他難過的搖搖頭，淚水滿了眼眶。他無法接受這個事實。他發抖說：「孩子們，這怎麼可能？你們一定搞錯了。」

　　大家七嘴八舌的將與約瑟見面的事，及約瑟對他們說的

一切話都告訴了他父親。「不，父親，我們沒搞錯。我們在埃及確實見到約瑟。他還派了馬車來接你和我們的妻子兒女到埃及去住。你若不信可以到外面看一看。」

　　雅各搖搖晃晃地跟他們走到帳棚外，果然親眼見約瑟派來接他的馬車，這在當時是多麼奢侈高貴的交通工具，他才相信他們不是欺騙他的，心就完全甦醒了。約瑟沒死，沒被野獸吃掉，他還活在人間！他眼中充滿了光彩和希望。

　　雅各興奮的聽著兒子們細訴約瑟家的豪華氣派，奴僕眾多、地位尊貴，拯救荒災，怎麼與眾兄弟相認的情景，最主要是約瑟很想和老父團聚，而且迦南仍會再有五年的荒災，應該趕快去埃及。老雅各淚流滿面，興奮又高興，所以他馬上說：「罷了！罷了！我的兒子約瑟還在，趁我未死以先，我要去見他一面。」

　　雅各終於醒悟過來，原來約瑟的死是兒子們編造的謊言，他竟然被騙了這麼二十多年，白白的傷心了二十多年。他當初也是同樣欺騙過他的父親。雅各低下頭，靜默一會兒。他認為神是為他好才管教他，塑造他的人格更像個尊貴的王子，所以欣然接受。雅各的心願，就是去世之前見他曾「死去」的兒子約瑟一面。

反省與應用

一、約瑟為什麼吩咐管家把銀杯特別放在便雅憫的口袋裡？他這樣
　　「陷害」他的兄弟，到底有什麼目的呢？

二、猶大如何處理曾犯過的錯誤呢？你犯了錯誤時又抱什麼態度呢？
　　你對自己的性格有什麼期望改進的地方？

三、為什麼約瑟要其他人退下後才與他的兄弟相認呢？是為了「家醜
　　不出外揚」，還是有別的原因呢？

四、約瑟抱什麼態度對待認錯的兄弟？你又如何對待願意認錯的兄弟
　　或朋友呢？

第八章

雅各到埃及

神已經擦去他們的眼淚，
從今以後重逢的喜樂已經代替離別的悲哀，
華冠要代替灰塵。

一、別是巴獻祭

高貴的生命，
不是一鳴驚人的成就；
而是日積月累、
慢慢砌成的堅固工程。

　　雅各知道約瑟還沒死，心裡既興奮、感恩又錯綜複雜。整晚高興得睡不著覺。他心中感恩的是：便雅憫和西緬都平安回來了，最沒想到的是事隔這麼多年，約瑟還活著，沒被野獸吃掉。雖然被賣到埃及，卻沒有自甘墮落，自暴自棄怨恨不滿，而且還當上世界強國埃及的宰相，他興奮父子終於在離別二十二年後可以重逢了。雖然自己老眼昏花，但死前能看約瑟一眼，應該是神無限的恩典。但是又想到要離開迦南地下埃及，對他來說卻是有一番天人交戰的掙扎。

　　迦南地是神與亞伯拉罕、以撒立約並應許賞賜給他們和他們子孫的「流奶與蜜」（充滿牛奶和蜜）的美地。雅各年輕時，千方百計詐騙哥哥為要取得長子的名分，落得遠走他鄉的命運，他根本沒有繼承到牛、羊、駱駝等財產，他要繼承的正是這塊神親口應許的迦南美地。他在巴旦亞蘭受舅舅的欺騙，吃盡苦頭，好不容易取得哥哥的諒解，能回到迦南美地，卻連母親最後一面都沒有見到，愛妻拉結也因難產而死

在路上並埋葬在伯利恆。在雅博渡口他曾經與神的使者摔角，那人見自己勝不過他，就將他的大腿窩摸了一把，他的大腿就瘸了，而且給他改名，叫以色列；因為他與神與人較力，都得了勝。

雅各想到這裡就發出微笑，現在竟然要離開這塊讓他魂牽夢縈，許多溫馨回憶、懷抱希望的土地，實在叫人依依不捨。而且埃及是塊陌生的土地，他不僅擔心自己年老，不堪長途跋涉，而且他擔心前往埃及，到底合不合神的心意？因為以前迦南地鬧饑荒，他父親以撒想下到埃及去避災，神曾禁止他的父親下到埃及去；因為埃及不僅是個異族而且是拜異教的地方，他也害怕自己不能適應在埃及的新生活。埃及除了有約瑟──自己心愛的孩子外，到底還會有什麼祝福與好事呢？他的子孫是否還有機會再回到這塊神所應許給亞伯拉罕的美地呢？

現在沒有上帝的認可，他實在不敢隨便輕舉妄動。幾番掙扎後，他因為深深的愛著約瑟，決定在未死以前有所行動，就帶著一切所有的，包括牲畜、貨財，起身前往埃及地。

等一切收拾就緒後，雅各一家包括婦女、小孩，都坐在法老為雅各送來的車上，男丁們騎著驢子，僕人們步行在後面，一面趕牛羊。一行人大大小小、子子孫孫，大約七十多人，浩浩蕩蕩往南走。

他們來到迦南最南端的城市，名叫別是巴，它位於通往埃及的路上。這地以前常發生亞伯拉罕和非利士王亞比米勒

的僕人爭奪水源和牧草，以後他們兩人在這裡彼此立約起誓，
互不相犯，所以別是巴就是盟誓的井的意思。事後亞伯拉罕
在那裡向神禱告，並且在那裡種上一些小樹，作為敬拜神的
地方。

以前雅各父親以撒也曾經在別是巴築壇，因為上帝在那
裡向他顯現說：「我是你父親亞伯拉罕的神，不要懼怕！因為
我與你同在，要賜福給你，並要為我僕人亞伯拉罕的緣故，
使你的後裔繁多。」以撒就在那裡築了一座壇，求告耶和華的
名，並且支搭帳棚。

現在雅各經過別是巴，雅各就在父親所築的壇獻祭給父
親以撒和祖父亞伯拉罕的上帝，也是間接承認上帝對他家族
的呼召。

「上帝啊！你同意我們全家遷居到埃及去嗎？這事討你
喜悅嗎？請你指示我們吧！」他懇切地求問神。

神愛雅各，以前他耍詐騙人，神都沒有出手干預，上次
他受十個兒子的騙，以為約瑟死了，神也沒有干預，漫長的
二十二年，神都是沉默不語，直到現在雅各知道約瑟還活著，
要去見他時，雅各擔心到底可不可以下埃及，徹夜難眠。神
在夜間向他顯現，重申他向亞伯拉罕和以撒立約的應許，神
聽了他的禱告。當夜雅各在睡夢中聽見有聲音呼叫他說：「雅
各，雅各。」神在呼喚他。

他說：「我在這裡。」

神說：「我是耶和華神，就是你父親的神。你很想知道我

同不同意你去埃及，對不對？你不要害怕，安心去吧！我不
但同意，而且我必使你的後裔在那裡成為大族大國。我也要
和你同下埃及去，也必定將你的後裔帶回迦南地。你將死在
埃及，約瑟會親自為你送終。」

神再三應許這個家族，以後要成為一個大國，以後還會
把他們帶上迦南來。就是現在以色列國。這個啟示很清楚；
神答應會與他們同在，所以應許必會實現，他們必得拯救。

神是賜人安慰的神，祂給人的回答常是：「不要害怕。」
《聖經》提到當亞伯拉罕的妻撒萊因不能生育，叫亞伯拉罕
與她的使女夏甲同房，生了一個兒子叫以實瑪利，撒萊就跟
夏甲爭寵。亞伯拉罕只好清早起來，拿餅和一皮袋水，給了
夏甲，搭在她的肩上，又把孩子交給她，打發她走。夏甲就
走了，在別是巴的曠野走迷了路。皮袋的水用盡了，夏甲就
把孩子丟棄在小樹底下，自己走開到一旁，與孩子相對而坐，
說：「我不忍見孩子死。」神的使者從天上呼叫夏甲說：「夏甲，
你為何這樣呢？不要害怕，神已經聽見小孩子的聲音了。」

當以色列的百姓在埃及生活了四百年後，生養眾多，埃
及人奴役他們，他們發出痛苦的呼號，神就差遣摩西帶領以
色列人出埃及。那時，前有紅海，後有埃及的大隊追兵，在
生死存亡之際，以色列百姓又開始發牢騷抱怨，說：「難道在
埃及沒有墳地，你把我們帶來死在這曠野嗎？你為什麼這樣
待我們，將我們從埃及領出來呢？我們在埃及豈沒有對你說
過，不要攪擾我們，容我們服事埃及人嗎？因為服事埃及人

比死在曠野還好。」

摩西對百姓說：「不要懼怕，只管站住！看耶和華今天向你們所要施行的救恩。因為，你們今天所看見的埃及人必永遠不再看見了。耶和華必為你們爭戰；你們只管靜默，不要作聲。」（〈出〉十四：11-14）

神在《聖經‧以賽亞書》中，也是一再安慰祂的百姓說：「你不要害怕，因為我與你同在；不要驚惶，因為我是你的神。我必堅固你，我必幫助你；我必用我公義的右手扶持你。」（〈賽〉四十一：10）又說：「因為我耶和華你的神必攙扶你的右手，對你說：不要害怕！我必幫助你。」（〈賽〉四十一：13）

有一回，在半夜裡，船行在海中，因風不順，被浪搖撼。耶穌走在海面上，正要往門徒那裡去。門徒看見他在海面上走，就驚慌了，說：「是個鬼怪！」便害怕，喊叫起來。耶穌連忙對他們說：「你們放心！是我，不要怕！」

上帝給人的都是安慰、鼓勵、造就的話，祂要我們在困難痛苦當中，「不要害怕」。有時我們人生充滿風浪、不安與黑暗，但神提醒我們「不要害怕」，要剛強壯膽，因為祂應許永遠在我們的身旁扶持、安慰我們。「有耶和華幫助我，我必不懼怕，人能把我怎麼樣呢？」（〈詩〉一一八：6）

雅各一聽到神再三保證會與他同在，總算心安了。

次日清早，他們又上路了。雅各一家人走了一兩個禮拜，穿過悶熱乾燥的沙漠地帶後，總算平安抵達埃及，對這些從沒離開過迦南地的家人，眼睛所接觸到的無不新鮮，迦南地

都是牛、羊群、駱駝，到處是帳棚、牧場。而埃及終年氾濫
的尼羅河，兩岸的土地肥沃，一片翠綠，沙漠裡的金字塔、
人面獅身、高大的方尖碑都是迦南地所沒有的。他們對新的
未來充滿盼望。

二、父子相見

　　父親怎樣憐恤他的兒女，
　　耶和華也怎樣憐恤敬畏他的人！
　　　　　　　　　　　　　　——〈詩〉一〇三：13

　　義人的父親必大得快樂；
　　人生智慧的兒子，
　　必因他歡喜。　　　　　　——〈箴〉二十三：24

　　雅各快到埃及時，首先打發猶大先去向約瑟報信。猶大
原本是賣約瑟的主謀，造成雅各與約瑟父子分離的罪魁，但
現在竟是父子相見的聯絡人。猶大加快腳步先去通報約瑟說
全家人都來到埃及了，請派人引路前往歌珊去，於是他們來
到歌珊地。

　　約瑟的兄弟一回到迦南，接連的幾個星期，約瑟每天都
焦急的等著，一聽說老父親已經到了埃及，除了派人引路到
歌珊去，一聽說父親已經快到埃及了，就再也耐不住，立刻

快馬加鞭地前往歌珊，迎接二十多年未見面的老父親雅各。約瑟華麗的馬車在迦南地是少見的，宰相一出巡，沿途每個埃及人都迴避跪下，表示尊敬，車隊的陣容勢不可擋，家人看到這種排場，都被震懾住，感到與有榮焉。

雅各雖然坐著約瑟為準備舒適的座車，但旅途實在太遙遠，年紀又大，　到埃及仍疲憊不堪，一聽到家人說：「約瑟來了！」他精神一振，忘卻勞累，趕緊起來，準備要見這位闊別二十多年心愛的兒子。

當他遠遠的看見一位器宇非凡，風度翩翩的大官，激動自不在話下。以前是在夢中想念，醒來成空。現在親眼目睹，這位朝思暮想原以為早就死去的兒子，當年他才十七歲純稚的少年，現在貴為一國宰相，在饑荒的時候，不計哥哥們的罪惡，拯救全家，雅各想到此內心很得安慰。約瑟看到父親已是白髮蒼蒼，歷盡滄桑，雖然瘸著腿還堅持要站起來。

約瑟一個箭步迎上去，「父親！父親！」約瑟激動高興地喊著。

「我的孩子！我的好孩子！」雅各激動地說。約瑟伏在他父親的頸項上，痛哭了許久。父子兩人分離這麼久，還能夠相見，真是意想不到的事。以前雅各哀哭是以為兒子死了，現在約瑟是因為老父還活著而哭，神已經擦去他們的眼淚，從今以後重逢的喜樂已經代替離別的悲哀，華冠要代替灰塵。

二十多年的離別、相思、牽掛，所有的情感完全奔放，父子終於團聚了。雅各很高興看到約瑟還活著，這個兒子原

是他認定的繼承人，也是蒙神揀選治理這個家族的，這次在埃及團聚的意義遠大於家庭大團圓；證明神的計畫從未被擱置在一旁。父子緊緊相擁很久，雅各太高興了，他用發抖的手緊緊抱住以為早已死去的心肝寶貝,忍不住痛哭失聲許久。眼淚流過雅各那歷盡滄桑的面孔上、鬍子，再流到衣襟，這不是憂傷的眼淚，乃是喜樂的眼淚。兄弟們在一旁也都默默的擦著淚水，再次為自己以前嫉妒的行為所造成的傷害而深深痛悔。

雅各終於開口對約瑟說:「我的孩子，我的約瑟! 二十多年來，我白天夜裡都想念你，現在我還能見得到你的面，知道你還活著，我多麼高興，就是死了我也甘心。」雅各這個歷盡滄桑的老人，能看到約瑟真是心滿意足，覺得神恩待他，他是死而無憾了。那個晚上全家人在埃及歡慶與感恩。

定居歌珊地

約瑟不愧是個宰相，他足智多謀，想到自己一家七十多口人來到埃及，一定要住在美好肥沃的土地，才能繼續牧養家人的牛、羊、駱駝等牲畜。他知道不能只沉醉在重逢的喜樂中，一定要向法老稟報，他先和自己的兄弟分享他的計畫，他說:「我要去告訴法老，對他說:『我的弟兄和我父的全家從前在迦南地，現今都到我這裡來了。』」

然後他想要告訴法老，哥哥們希望長住在歌珊地，因為他們都是牧羊人:「以養牲畜為業，他們把羊群、牛群和一切

所有的都帶來了。」

　　他表明家族的人想要以歌珊為放牧的場所，必能自給自足，就不會成為埃及的財政負擔，另一方面也不會搶走埃及人的工作機會，更不會令人覺得約瑟假公濟私，安排自己兄弟在政府工作，引來不必要的不滿與批評。所以約瑟提醒哥哥們被法老召見的時候，要特別注意，因為埃及以農立國，出產小麥、棉花。有高度的文明，一直瞧不起居無定所的游牧民族，所以凡牧羊的都被埃及人所厭惡。當法老問哥哥們：「你們以何事為業？」約瑟希望哥哥們以誠實為要務，並強調自己民族的生活方式，坦誠的說：「你的僕人，從幼年直到如今，都以養牲畜為業，連我們的祖宗也都以此為業。」這樣才能保證得到最好的安頓，才可以住在歌珊地。

　　約瑟不斷教導家人怎樣和法老說話，才可以獲得信任。約瑟有良好的品德，他明知埃及人「厭惡」牧羊人，他仍誠實以告，他認為坦誠實是最好的保證。雅各一家人都喜愛說謊言，而且也在謊言中受苦，約瑟一定不要家人重蹈覆轍。

　　約瑟選擇歌珊讓家人居住，是最好的策略，因為歌珊位在埃及東部邊界的地方，屬尼羅河三角洲的東北部，土地約九百平方公里，有尼羅河水定期氾濫，河水的灌溉，土地肥沃富庶，是埃及「國中最好的地」，有吃不完的牧草，非常適合畜牧。歌珊的邊界又是軍事前哨，與埃及人群聚的城市有點距離，附近沒有很多埃及人居住。約瑟蓄意把家人和埃及人分開，一方面無須面對埃及人的歧視，而且減少被埃及人

同化的機會，如果家人住在城市與埃及人來往頻繁，不但生活習慣、思想、文化，連信仰都要受影響，也有可能與埃及人通婚，一起崇拜埃及的多神偶像，幾年後，這七十多人的家族將融化在埃及文明的大熔爐中。

　　現在這個屬神的家族住在歌珊，不但與埃及隔離，也與崇拜偶像的埃及人分開。他們獨自在歌珊地繁衍後代，保留了種族特色，更能專一的信靠獨一的真神耶和華。也因為如此，許多年後，他們生養眾多，並且繁茂，極其強盛，那地方到處都是以色列人。引起了埃及人的不滿與恐懼，奴役他們。上帝才興起另一個領袖摩西拯救他們，帶領他們出埃及，進入迦南應許美地。

　　有時候我們很難明白，正如約瑟的家人，也許不明白為什麼迦南地要遭遇到荒災，還要大費周章，一家人搖搖晃晃的下到埃及，到了埃及還不能住在方便的大城市內，要和埃及人分隔。經過那麼多年後，以色列人才知道那是上帝選定這個民族，在這裡繁衍成為一個國家，來完成祂的拯救全人類的計畫。

　　有時候我們陷入在我們不明白的困境中，我們不能瞭解為何為會有這麼多不如意的事發生，其實在神的字典裡是沒有偶然的。神有些計畫是要我們順服祂的旨意，完成祂的計畫。如果我們憑著信心，相信神的美意，透過不同角度，我們終會承認原來神的計畫看來都很自然的發生，都比我們的計畫高明得很。

等一切安頓好，約瑟就到王宮，進去稟告法老說：「我的父親和我的弟兄帶著羊群牛群，並一切所有的，從迦南地來了，如今都在歌珊地安頓。」

法老寵信約瑟，只要他做的決定，法老都言聽計從。法老決定接見約瑟的兄弟，因此約瑟從他弟兄中挑出五個人來，引他們去見法老。

法老問約瑟的弟兄說：「你們做什麼事業為生的？」他們按著約瑟的教導，誠實的對法老說：「你僕人是牧羊的，連我們的祖宗也都是牧羊的。」

他們又對法老說：「迦南地的饑荒甚大，僕人的羊群沒有草噢，所以我們來到這地寄居。現在求你容僕人住在歌珊地。」

法老對約瑟說：「你父親和你弟兄到你這裡來了，埃及地都在你面前，只管叫你父親和你弟兄住在國中最好的地；他們可以住在歌珊地。你若知道他們中間有什麼能幹的人，就派他們看管我的牲畜。」

法老不但沒有厭惡牧羊人，而且正式批准他們住在歌珊地，並要在他們兄弟中間挑選能幹的人，派他們看管法老的牲畜。埃及法老王蘭塞三世曾經雇用三千二百六十四個人去放牧他的羊群，這些人都是外國人。約瑟的兄弟如果成為法老的「牧人」，則變成國家的「公僕」，不像其他外國人那樣受歧視和被欺負，法老的回應實在超過約瑟兄弟所求所想。

三、雅各為法老祝福

摩西在出埃及後對以色列百姓的叮嚀：

你若留意聽從耶和華你神的話，

謹守遵行他的一切誡命，

就是我今日所吩咐你的，

神必使你超乎天下萬民之上。

你若聽從耶和華你神的話，

這以下的福必追隨你，

臨到你身上：

你在城裡必蒙福，

在田間也必蒙福。

你身所生的、地所產的、牲畜所下的，以及牛犢，羊羔都必蒙福……你在耶和華向你列祖起誓應許賜你的地上，

他必使你身所生的、牲畜所下的、地所產的，都綽綽有餘。

耶和華必為你開天上的府庫，

按時降雨在你的地上。

在你手裡所辦的一切事上賜福與你。

你必借給許多國民，卻不致向他們借貸。

你若聽從耶和華你神的誡命，

你在耶和華向你列祖起誓應許賜你的地上，

他必使你身所生的、牲畜所下的、地所產的，都綽綽
有餘。

耶和華必為你開天上的府庫，

按時降雨在你的地上。

你若聽從耶和華你神的誡命，

就是我今日所吩咐你的，

謹守遵行，

不偏左右，

也不隨從事奉別神，

耶和華就必使你作首不作尾，

但居上不居下。　　　──〈申命記〉二十八：1-13

　　雅各一路旅途勞累，到埃及之後休息了一陣。等他疲勞
恢復後，約瑟領他去見法老王。約瑟深愛自己的父親，他樂
於讓法老認識他的家人，也要父親分享他的榮耀，一個異族
的奴隸與囚犯，不因人的陷害而被高升，成為萬人敬重的宰
相，實在是神的恩典啊。他就帶著白髮蒼蒼而且瘸腿的老父
親雅各到法老面前。

　　迦南地住的是帳棚，埃及則是華麗宏偉的宮殿，迦南地
是藍天白雲的寬闊，草地連綿的自由自在放牧，埃及則是阿
諛奉承、繁文縟節的宮廷禮節。兩個地方的生活環境是極端
的相異，但約瑟仍是單純的讓老父參與他的生活層面。

現代人對自己的兒女要念再貴的學校，也要擠破頭，去爭取入學的機會，對父母親卻是不聞不顧，讓他們成為獨居老人，連颱風天淹大水了，眾子女也懶得理睬，生病了還要等社會局來善後。

有一對老夫妻，年輕時賺了大錢，住在大房子裡，他們教養的兒女長大後都搬出去，忘掉是誰讓他們有今天的地位，對自己的父母不聞不問，不與他們同住，以致兩老因記憶衰退，煮飯忘了關瓦斯，引起火災活活被燒死，那麼大的房子就荒廢在那邊，兒子媳婦不敢搬回來住，想要廉價賣掉，可是冤死了兩個老人，兒女良心過得去嗎？

有的兒女還要為分家產，到法院告父母，想讓父母坐牢。更可怕的是有的孩子因不服父母的管教，用刀、用棒，砍死含辛茹苦的撫養他長大的父母，這樣的社會風氣讓人憂心。約瑟的表現是何等可貴，他一點都不嫌棄年老的父親，及放牧粗俗的兄弟，他反而把父親介紹給法老及同僚，歡迎他來同住在埃及。「當孝敬父母，使你的日子在耶和華你神所賜你的地上得以長久。」（〈出〉二十：12）「神說：『當孝敬父母』；又說：『咒罵父母的，必治死他。』」（〈太〉十五：4）「咒罵父母的，他的燈必滅，變為漆黑的黑暗。」（〈箴〉二十：20）所以孝敬父母是何等的重要，也是蒙福的泉源。

雅各一見到法老，就給法老祝福，祝福他「身體健康，多福多壽」。雅各以前是個騙子，騙父親以撒，騙哥哥長子的名分，逃到哈蘭的母舅家，卻被騙，以後被兒子騙，如今他

不是來騙法老的好處，而是為法老祝福，他不是來得而是來給，他成為真正名副其實「尊貴的王子」。

雅各一生歷盡滄桑，看起來既瘸腿又老態龍鍾的樣子，遠超過當時埃及人的平均壽命。法老眼睛看著這位白髮老人，心中不由生出敬佩之意，就問雅各說：「你年齡有多大呢?」雅各對法老說：「我年齡是一百三十歲，我活在世上的日子又少又苦，不及我列祖早在世寄居的年日。」

雅各當時是一百三十歲，比起他的祖父亞伯拉罕活到一百七十五歲，父親以撒是一百八十歲，當然是不及他們長壽，所以他說我活在世上的日子又少又苦，而他的日子真的是「苦」，他在母腹中已經與哥哥以掃相爭，所以他名叫「雅各」，是抓、競爭的意思。為了爭長子名分與欺騙父親的祝福，他逃避哥哥的追殺，遠走他鄉，嚐盡寄人籬下的辛酸；又被唯一的親人舅舅欺騙，不能專一所愛，婚事被騙；家庭不和睦，兒子相互嫉妒；女兒底拿被示劍人凌辱；長子流便和他的妾辟拉通姦亂倫；愛妻拉結早逝，晚年以為喪失約瑟，終日以淚洗面；又經歷大饑荒等等，到人生最後階段仍要離鄉背井，遷居異國投靠兒子，難怪他要說他的日子「又少又苦」。

我們活在世上，有些人受時間的掌控，有些人掌控時間。有些年輕人沉迷網咖，晝夜沉醉在裡面，得到的是虛擬世界中的滿足與快感，然而在現實社會裡卻是心地貧乏，工作失敗者。有些人陶醉在追逐金錢、名利當中，有些人卻是把所有的時間換成金錢，滿足個人的慾望，結果生命中卻有個破

洞，把所有的財富漏光了。

　　有兩個年輕人，她們花四年的時間騎單車環遊世界，當她們告訴我她們的計畫時，我真是羨慕她們的壯舉。她們到數十個國家，有些共產地方很難得到簽證，我問她們簽證怎麼辦到的，她們異口同聲的說：「誠實的告訴他，我們來的目的。」結果竟然是出乎意料的簡單。四年下來，她們的視野、經歷、人生觀，豐富許多，雖然四年她們沒花時間在職場上賺錢，可是她們的收穫，卻是豐富有餘。還有人開玩笑的對她們說：「四年來許多人所賺的錢，都投資在股市、買房地產，結果是賠！賠！賠！有的還負債。」有的人生命是看似貧窮卻是富足。人生是要看重生命的深度而不是長度。

　　讓我們的生命不是浪擲光陰，而是充滿祝福，成為上帝所喜悅，祝福別人的管道。

　　這樣一位騙取父親祝福的雅各，由「受福者」，變為「祝福者」，他要離開法老宮殿前，又給法老祝福，他已深知「施比受更為有福」的道理，他的內在生命已經徹底的改變了。

　　約瑟遵著法老的命令，把埃及國最好的地，就是蘭塞（歌珊）境內的地，給他父親和弟兄居住，作為產業。約瑟用糧食奉養他父親和他弟兄，並他父親全家的眷屬，都是照各家的人口奉養他們。

　　在接下來的五個荒年，當埃及人典當田地時，雅各一家住在埃及的歌珊地，不但沒有損失，奇妙的是還在那裡置了產業。同時當埃及人都當了法老的奴隸時，「自由人」大大的

減少，然而雅各一家竟然生養甚多。這些外族人能夠與埃及人不同，正是雅各祝福法老，而神祝福雅各一族。因神承諾要祝福他們成為大國。

雅各住在埃及地長達十七年，這十七年來，他膝下圍繞著的是兒女子孫，尤其是他能與所愛的約瑟同住。他過的是尊貴的生活，在他勞苦的歲月中，這些年他才是真正的活著。他活到一百四十七歲，在埃及算是很長壽的。

對於晚一輩的來說，可能覺得埃及實在太美好了，土壤肥沃，水草豐富，也置了產業，應該可以在此長久安居。但雅各可不這麼想，他常常回想起，他來到埃及以前，在別是巴獻祭的夜晚，神在異象中對他啟示，「我要和你同下埃及去，也必定帶你上來，約瑟必給你送終。」埃及對他而言是個避災的過站，他們在此只是個寄居的客旅，雖然不知何時可以離開，但總有一天他們這一族一定要離開這裡，回到神對他祖先亞伯拉罕所應許的迦南美地。

雅各的死期臨近時，他心中有一個願望，就叫了他兒子約瑟來，說：「我若在你眼前蒙恩，請你把手放在我大腿底下，用慈愛和誠實待我，請你不要將我葬在埃及。」希伯來人的習俗，鄭重的發誓，是要把手放在腿下。正如以前亞伯拉罕派他的僕人去為以撒回自己的本家物色妻子時，也教僕人的手放在自己的腿下發誓，表示鄭重、嚴肅。

對一個希伯來人而言，與他們的祖先同葬乃是人生最大理想的歸宿。所以雅各在埃及十七年來，見識了埃及壯麗的

建築，享受約瑟的孝心與兒孫的天倫之樂，各種舒適的生活，
但他的心不能忘懷迦南的一切，他希望葬在他祖父亞伯拉罕
和父母親以撒、利百加埋葬的希伯崙的麥比拉洞。他繼續說：
「我與我祖我父同睡的時候，你要將我帶出埃及，葬在他們
所葬的地方。」

　　雅各為什麼不去找老大流便或發言人猶大，而是慎重其
事的叫約瑟把手放在他的大腿下來交代後事，因為他原本最
寵愛約瑟，早在約瑟很小時他為他做一件彩衣，就認定他是
繼承人，加上約瑟是埃及高官，一定有能力完成使命。

　　雅各一再相信神的應許絕不會落空，他的後代一定會得
到迦南應許之地。雖然他無法親眼看到，但他相信他的兒孫
輩子們必會回到迦南地，這應許會實現。

　　約瑟一聽馬上說：「我必遵著你的命令而行。」

　　雅各還是不太放心，他要求約瑟說：「你要向我起誓。」
約瑟就向他起了誓，於是老態龍鍾的雅各就扶在床頭上敬拜
神。

　　雅各原本是個凡事都要爭奪、好勝的人，不論做什麼事
他都有策略，要得到最大的好處。現在他已經年老，看淡人
間得失成敗，他唯一看重的是神的應許。所以他滿懷感恩，
在床頭敬拜神，他感謝耶和華神必會實現祂的應許與祝福，
雅各的子孫一定會成為大國；他向神感恩，他的愛子約瑟願
意發誓完成他的遺願，使他回到迦南地；他向約瑟感恩，他
瞭解老父的心願，正應驗約瑟的夢，連太陽都要向他下拜。

　　人生是非成敗轉頭空，一切都要成過眼雲煙。當死期臨近時，再大的成就也都不那麼的重要，當頭一下垂時，許多的產業一定要易手，那些抓住的一下子都要鬆手，一切都變得從人間遠離而毫無意義。唯一不會因死亡而變化的，就是神的話語、神的愛以及神自己。

反省與應用

一、雅各未離開迦南前，在別是巴獻祭給神，其目的何在？是否只因為他缺乏信心？

二、雅各全家大規模的遷徙到埃及，雅各是憑著什麼做這個決定呢？你從中學到什麼人生的道理？

三、歌珊地是埃及最肥美的土地，約瑟為什麼計畫讓他家族的人居住在此？

四、約瑟明知埃及法老不喜歡牧羊人，為何還要哥哥們誠實面對法老王？

五、埃及人向來拜多神，雅各家族怎樣避免自己受到異教同化呢？有一句話說：「如果你能不被影響，你就能影響別人了。」你用什麼方法保持自己不受同儕、同事、社會不正確的價值觀、人生觀、生活方式，影響與同化呢？

第九章

父親的祝福

你父親的神，必幫助你；

那全能者必將天上所有的福，地裏所藏的福，

以及生產乳養的福，都賜給你。

一、雅各祝福以法蓮與瑪拿西

凡敬畏耶和華、
遵行他道的人便為有福!
你要喫勞碌得來的;
你要享福,
事情順利。　　　　　　——〈詩篇〉一二八: 1-2

　　當雅各招呼約瑟到歌珊, 要求他發誓等自己死後, 要把他埋葬到迦南地的希伯崙後。又過了一些時候, 雅各年紀越老邁, 身體越不如前。有人告訴約瑟說:「你的父親生病了。」約瑟就帶著兩個兒子瑪拿西和以法蓮匆匆同去探望自己的父親, 這是約瑟和他兒子最後一次圍繞在他父親跟前。雅各躺在床上, 有人通知他說:「請看, 你兒子約瑟來看你了。」

　　雅各因為心愛他這個當宰相的兒子而且以他為榮, 就勉強從床榻上坐起來。雅各雖然身體很衰弱, 可是他的記憶力卻清醒得很。他想起當年離開舅舅拉班的家, 回迦南的路上, 便雅憫快要出生時, 神在伯特利向他顯現時所說過的應許。他想到這些重要的事, 就對約瑟說:「全能的神——」, 他稱這位向人宣告應許的神為「全能的神」。祂曾經應許亞伯拉罕必有很多後代, 多到可以自組國家, 又必會得到迦南為永遠的產業。

他要死前，仍念念不忘這事，不斷的提醒約瑟說：「全能的神，曾在迦南地的伯特利向我顯現，賜福與我，對我說：『我必使你生養眾多，成為多民；又要把這地賜給你的後裔，永遠為業。』所以我未到埃及見你以前，你在埃及地所生的以法蓮和瑪拿西，這兩個兒子就要算是我生的，正如流便和西緬是我的一樣。你在他們以後所生的就是屬於你的，他們可以歸於他們弟兄的名下得產業。」

雅各這麼說是把約瑟這兩個兒子以法蓮和瑪拿西，提升為自己的兒子，與自己的兒子一樣一同領受父親的祝福，也一同承受父家的產業。所以瑪拿西和以法蓮兩兄弟和他們的伯叔輩一樣，同列在以色列先祖中。而約瑟在以法蓮和瑪拿西以後生的其他的孩子才算為他自己的孩子，而且雅各在提兩兄弟名字的時候，把他們的次序弄顛倒了，他先提到以法蓮的名字再提到瑪拿西，但約瑟並沒有注意到他這麼說。

約瑟家在雅各家十二支派中是占兩大支派，不但如此約瑟家還承襲了長子的名分。《聖經》說：「以色列的長子原是流便，因他汙穢了父親的床，他長子的名分就歸了約瑟，只是按家譜他不算長子。猶大勝過一切的弟兄，君王也是從他而出，長子的名分卻歸約瑟。」（〈代上〉五：1）以後大衛王、耶穌基督都是出自猶大支派。

雅各做完了過繼的行為後，他又說：「至於我，我從哈蘭地回迦南的時候，拉結死在我眼前；在迦南地的路上，離以法他還有一段路程，我就把她葬在以法他的路上。」

　　雅各要死前，最念念不忘的還是自己的愛妻拉結，自己與她在哈蘭度過快樂的歲月。一提到拉結的早死，就聯想到自己也瀕臨死亡的邊緣，落葉歸根，他真期望能歸回迦南故土與愛妻同埋，而且拉結在世的時候，為約瑟取名的意思是「求耶和華再增添我一個兒子」，雅各要成全拉結的心願，所以在她名下多增添兩個孫子過繼成為兒子，表明他看待瑪拿西和以法蓮為他與拉結生的兒子。

　　雅各已經老眼昏花，幾乎全瞎了，想到往事，彷彿從一場很長的夢中醒來，看見站在約瑟旁的兩個兒子，就指著他們說：「這是誰？」約瑟對他父親說：「這是神在這裡賜給我的兒子，瑪拿西與以法蓮。」雅各說：「請你領他們到我跟前，我要給他們祝福。」

　　約瑟領他們到他跟前，雅各以無力顫抖的手臂擁抱著兩個孫兒，並和他們親嘴。

　　雅各對約瑟說：「我真想不到這輩子得見你的面，不料，神又使我得見你的兒子。」

　　雅各想到往日失去約瑟的痛苦，他一直以為再也沒法見到約瑟。沒想到神是信實的，叫等候祂的人不至於羞愧。

　　根據當時的風俗習慣，當一個人把小孩放在膝上祝福，就表示接納那孩子算為自己的兒子，因為雅各已經年老體弱，這兩個孩子無法坐在他膝上，就叫他們跪在他的腳前。完成過繼儀式以後，約瑟就把兩個兒子從雅各兩膝中領出來，自己就臉伏於地下拜。

　　隨後，約瑟又拉著他們兩個，瑪拿西是老大，理當得長子的祝福。約瑟讓以法蓮在他的右手裡，對著雅各的左手，讓瑪拿西在他的左手裡，對著雅各的右手站著。豈知雅各卻將雙手交叉，把右手按在以法蓮的頭上，把左手按在瑪拿西的頭上。

　　他就給約瑟祝福說：「願我祖亞伯拉罕和我父以撒所事奉的神，就是一生牧養我直到今日的神，救贖我脫離一切患難的那使者，賜福與這兩個童子。願他們歸在我的名下，和我祖亞伯拉罕、我父以撒的名下；又願他們在世界中生養眾多。」

　　約瑟看見他父親把右手按在以法蓮的頭上，已經顛倒長幼秩序，這舉止是錯誤的，便心裡不以為然，他以為瑪拿西是長子理當領受較多的祝福，可能是老父眼睛看不清楚，手才放錯位置，便要提醒他父親，並提起他父親的手，要從以法蓮頭上挪到瑪拿西的頭上，又對他父親說：「父親哪，不是這樣。瑪拿西本是長子，求你把右手按在他的頭上。」他父親卻是故意的，說：「我知道，我兒，我知道。我是故意這麼放的，瑪拿西也必成為一族，也必昌大，只是以法蓮要比瑪拿西得更大的福，以法蓮的後裔要成為多族。」

　　當初雅各是欺騙自己的父親以撒把長子的名分給自己，如今雅各是故意把長子的祝福分給次子以法蓮，要讓次子得到更多祝福。

　　約瑟明白過來，知道不是雅各搞錯了，乃是上帝要讓以法蓮得長子的名分。

直到今日，以色列這個國家，後來有名的城市包括伯特利、示劍、拉瑪、示羅等地，都位於屬於以法蓮支派的境內。

那天雅各還給他們祝福說：「以色列人要指著你們祝福說：『願神使你如以法蓮、瑪拿西一樣。』」於是立以法蓮在瑪拿西以上。

因著雅各的祝福，現在傳統的猶太人在星期五晚，在會堂敬拜神後，父親回家時會先擁抱和親吻妻子，接著把手放在孩子頭上，說：「願上帝使你如同以法蓮和瑪拿西一樣。」以色列人重視家族關係，及父親對子女的祝福。

雅各祝福完以法蓮和瑪拿西後，就轉身對約瑟說：「我要死了，但神必與你們同在，領你們回到你們列祖之地。」

雅各說出他的期望，約瑟把家人從列祖之地搬出迦南，神也一定會帶他們回迦南地。而且他把自己在迦南擁有的一塊地送給約瑟。他說：「我從前用弓、用刀，從亞摩利人手下奪的那塊地，我都賜給你，使你比眾弟兄多得一分。」

這塊地是指示劍城，雅各曾用一百兩銀子向示劍人買的，以後被亞摩利人奪走，雅各不得不用武力再奪回。四百年後，在約書亞帶以色列百姓出埃及，進入迦南地時，各支派在分地時，把示劍分給約瑟兩個兒子，它是北國重要城市，約瑟的骸骨也從埃及運回放在示劍城。

二、雅各祝福十二個兒子

兒女是耶和華所賜的產業；
所懷的胎是祂所給的賞賜。　──〈詩篇〉一二七：3

父親的話有權柄有能力，
所以「也要殷勤教訓你的兒女。
無論你坐在家裡，
行在路上，
躺下，
起來，
都要談論」。　　　　　　　　　　──〈申命記〉六：7

　　雅各給約瑟的兒子祝福完，雖然已經很累了，但他仍勉強坐起來，就叫了其他的兒子們來，說：「你們都來聚集，我好把你們日後必臨到的事，告訴你們。」兒子們都趕回來聚集在父親的腳前，雅各按著他兒子們的年紀大小，一一為他們祝福。他就說：「雅各的兒子們，你們要聚集而聽，要聽你們父親雅各的話。」這些兒子以後就成為以色列國的十二支派，有流便、西緬、猶大、西布倫、以薩迦、但、迦得、亞設、拿弗他利、以法蓮、瑪拿西、便雅憫等支派。
　　雅各指出流便原是長子，應該在社會有超然的地位，他

的出生讓父親得到最大的喜悅，可得雙倍的遺產。然而流便放縱情慾，使原本要有尊崇的地位，因為與父親的妾辟拉同寢，玷汙父親的床，所以失去長子的地位。原來繼承父親產業的長子要有好的品格與道德。因著雅各對流便的咒詛，流便支派在以色列歷史中，完全沒有影響力，沒有一個先知、士師、君王源自流便支派，而且他們所分的地被隔離在約旦河東面，後來還被摩押人占據。

雅各對西緬和利未所發的預言是：西緬和利未兩兄弟在示劍為妹妹底拿被玷汙的事，大肆殺戮示劍城所有的男丁。所以他說利未沒有自己的領土，只能分散在以色列國四十八個城市中，西緬支派人數最少，後來和猶大支派合併，摩西在為各支派祝福，也沒有提及西緬支派，這支派在《聖經》中甚少提及。利未成為一個祭司階級。

雅各鄭重地對猶大預言：「猶大啊！圭必不離猶大，杖必不離他兩腳之間，直等細羅來到。」細羅就是主耶穌。所以主耶穌要從猶大支派而出。

他又以獅子比喻猶大，祝福他是以色列族十二支派中的最大支派。猶大要作他兄弟們的領袖，也要克服仇敵。在猶大境內將有無數的葡萄樹，甚至路旁長滿了，甚至以葡萄酒為洗衣的水，物資非常的豐富，而且英俊威武的君王由他而出，大衛王與耶穌基督都是屬猶大支派。

對西布倫的預言是：把他比喻作驢子，他的後代要住在近海的西頓（今天的巴勒斯坦北部、黎巴嫩一帶）邊境，且

善於經營航運事業。

以薩迦被描寫為一匹強壯的驢，馱負重物，作遠程運輸，但因為貪愛安逸，沒有進取心，只能受人奴役。

但的支派被比喻作毒蛇，能在適當的時候以計謀反擊敵人。

迦得的支派居住在約旦河東，常受從沙漠來的米甸和摩押人侵擾，但迦得支派有力量加以還擊和得勝。

亞設的支派居住在迦密山以北的東海岸，以物產富饒馳名，連帝王的美食也由亞設支派供應。

拿弗他利支派被比喻為一隻快捷和機敏的母鹿，是屬於高原的支派，可以自由地到處馳騁。他的子民有辯才和詩才。

當雅各預言到約瑟時，他內心充滿慈愛和藹，他滔滔不絕，如詩如歌的祝福約瑟：

約瑟是多結果子的葡萄樹，
是泉旁多結果子的枝子；
他的枝條探出牆外。
弓箭手將他苦害，
向他射箭，逼迫他。
但他的弓仍舊堅硬；
他的手健壯敏捷。
這是因以色列的牧者，
以色列的磐石——就是雅各的大能者——

你父親的神，必幫助你；

那全能者必將天上所有的福，地裡所藏的福，

以及生產乳養的福，都賜給你。

你父親所祝的福，

勝過我祖先所祝的福，

如永世的山嶺，至極的邊界；

這些福必降在約瑟的頭上，

臨到那與弟兄迥別之人的頂上。

　　雅各前三個兒子都得不到祝福，所以沒有用動物比喻他們。他把約瑟比喻為一隻野驢，雖然有弓箭手的苦害，如他的哥哥們、波提乏的妻子，及忘了他的酒政，向他射箭，但耶和華大能的手，救他脫離苦境。他首先要像葡萄樹多結果子的樹枝一般，有無數後代。當他受到敵人嫉妒和逼害時，神必保護和援助他。而且這位全能的神，恩澤何等長遠，祂要幫助並祝福約瑟使他多有收成，土地滋潤，也使他兒女眾多，他的後代也要受神的祝福，約瑟所得的福要多過他的祖先及他的弟兄。

　　便雅憫是么子，最後得祝福，雅各只用簡短的三句話。他比喻他為兇猛的豺狼，黑夜出動、突擊追捕獵物，帶回洞穴，留到天亮才大快朵頤，黃昏時則瓜分獵物。

　　雅各預告便雅憫支派要戰勝仇敵。原本便雅憫是細小的、溫柔的，以後變成為重要勇猛與活力的支派。以色列的第一

個君王掃羅，便是由這支派而出，掃羅有大能勇士的美名，他帶領百姓抵抗敵人，終於使以色列成為一個國家。

雅各的兒子都按著長幼次序一一來到他的跟前，領受祝福。雅各的聲音很平靜，但卻非常嚴肅，他是藉著信心為兒子們祝福，因為他知道他所說的都要實現。因著雅各的祝福與預言，以色列的十二支派，都是按著各人的福分，要實現這一切。

雅各祝福完，又囑咐兒子們說：「我將要歸到我列祖那裡去了，你們要將我葬在赫人以弗崙田間的洞裡，與我祖我父在一處，就是在迦南地幔利前，麥比拉田間的洞；那洞和田是亞伯拉罕向赫人以弗崙買來為業，作墳地的。他們在那裡葬了亞伯拉罕和他妻子撒拉，又在那裡葬了以撒和他的妻子利百加，我也在那裡葬了利亞。」

雅各一再強調這地是經過合法手續向赫人買來的，這塊在麥比拉田間的墳地，已被當成他們的祖墳，曾經埋了亞伯拉罕、撒拉、以撒、利百加、利亞，他現在也要與他們埋在一起，死亡是不能切斷家人間的關係。他要死前更是深深的相信：神會照著所應許的，將他後代帶回應許之地——充滿奶與蜜的迦南美地。

當雅各把後事囑咐他的孩子後，這位年高德劭的耆老躺下，舉目望天，把腿收到床榻，平靜的呼出最後一口氣，就氣絕而死，歸回他列祖那裡去了。他至死都相信神的應許，他的子孫必成大國。他飽經錘鍊，到臨死前已經不再是那個

企圖心強烈好占人便宜的雅各，而是祝福別人的以色列。神常稱自己是「雅各的神」，雅各經歷神是活生生的神。

雅各走完人生的道路，他死了後，約瑟非常悲傷，伏在他的臉上哀哭，並不斷的與他親嘴。

在埃及的觀念中，人人都有永恆的盼望，他們期望死後復活，所以有為死者製作木乃伊的風俗。約瑟入境隨俗就吩咐伺候他的醫生用香料薰他父親，以防止屍體腐爛。這種薰屍的習慣，只有君王和大臣才能享受，普通百姓是沒有份的。

約瑟擔心普通的薰屍者會沾染異教的風俗。所以請他的醫生用布裹在雅各的屍體上，浸沉在香料中，讓屍體不會腐壞。薰屍的常例通常是四十天，等四十天期滿了，才可以下葬。

埃及人因為尊敬感念約瑟，便在法老的下令下，為他的父親雅各哀哭了七十天，有如君王一般的崇敬。以後送雅各到約旦河東，再為雅各哭七日，成為猶太人的風俗。過了四百多年以後，帶領以色列人出埃及的摩西死後，以色列人也只為他哀哭三十天。

為雅各哀哭的日子過了，約瑟因為服重孝，觸摸過死屍，不能直接見法老，就透過法老家中的人對法老說：「我若在你們眼前蒙恩，請你們報告法老說：我父親要死的時候，我已經起誓說，要將他埋葬在迦南地。現在求你讓我回去，葬我父親，以後我必回來。」

法老體念約瑟的孝心，就答應他說：「你可以回到迦南地，

照著你父親叫你起的誓，將他葬埋。」

　　於是約瑟帶著父親的靈柩回到迦南地，埋葬他的父親。與他一同回去的除了十一個兄弟外，隨行官員有法老的臣僕和法老家中的高官大臣，並埃及國的長老，又有車輛、馬兵。護送的隊伍陣容非常堅強。一行人浩浩蕩蕩，好像國葬一般的隆重。只有雅各家的婦人、孩子，和羊群、牛群，都留在歌珊地。

　　送葬隊伍到了約旦河外，亞達的禾場，就在那裡大大地號咷痛哭。約瑟為他父親哀哭了七天。這個風俗流傳到今日，仍有敘利亞的部落按照傳統把親友的遺體帶到打穀場哀悼七日。

　　迦南的居民見亞達禾場上的哀哭，喪禮的行列又是這麼隆重，又有士兵沿路護衛，就很稀奇說：「這是埃及人一場極大的哀哭。」因此那地方名叫亞伯麥西，就是「埃及人的哀哭」的意思。

　　雅各的兒子們就遵著他父親所吩咐的把他埋葬在先人的墳土。就是葬在幔利前，麥比拉田間的洞裡；那洞和田是亞伯拉罕向赫人以弗崙買來作為墳地用的。

　　約瑟很恭敬地把洞口打開。他的曾祖父母亞伯拉罕和撒拉躺在洞裡，祖父母以撒和利百加也躺在那裡。多年前雅各也把利亞葬在那裡。

　　他們小心翼翼地把雅各的棺木擡進洞裡放好。約瑟在旁安靜站立片刻。想到有一天他也會離世，可是死亡對他來說並不可怕，因為他也是敬畏上帝的人。

　　約瑟走出洞外，請人用一塊大石頭仔細把洞堵住。就和眾弟兄，並一切同他上去葬他父親的人，都回埃及去了。

　　雅各去世之後，約瑟又活了五十四年。

三、約瑟與兄長們的懇談

生命，還有它帶來的禍與福，

添上希望與恐懼，

只是讓我們能得到學習愛人的機會，

並且懂得愛是什麼，

讓我們能把它緊緊抓住，

寶愛它，不理世人的好惡。

神說：「我怎樣愛你們，

你們也當這樣彼此相愛。」——〈約〉十三：34

　　等父親的喪事料理完畢，約瑟的哥哥們才真正體悟到父親已經死了，心裡既惶恐又害怕，他們擔心沒有父親的蔭庇，他們又是寄居在異地，約瑟如果翻舊帳，他們的生命財產恐怕遭殃。他們越想越擔心，就私下商量說：「怎麼辦？如果約瑟懷恨我們，照著我們從前待他一切的方式，以牙還牙地報復我們。我們豈不是完了嗎？」他們就派人去見約瑟，說：「你父親未死之前吩咐說：『你們要對約瑟這樣說：從前你哥哥們

惡待你,求你饒恕他們的過犯和罪惡。』也求你看在神的份上,
饒恕我們的過犯。」

　　他們要求約瑟原諒他們以前昧著良心把他賣了的事,也
要看在他們的老父面上,及他們敬拜同一個神的份上,原諒
他們。

　　人常常因自己過去所犯的錯誤──傷害或得罪別人,陷
在痛苦中,他們需要別人的原諒,更需要原諒自己。有一些
人的內心受到極度的傷害,雖然求得別人諒解,然而內心深
處仍是對自己的行為耿耿於懷,這樣是很容易得到憂鬱症的。

　　約瑟的哥哥們就是屬於這種不肯原諒自己的人,還活在
恐懼擔心當中。所以當他們請人傳遞這消息時,約瑟聽完就
哭了。他的內心錯綜複雜,哥哥們終於承認自己的罪行,他
最難過的是哥哥們與他同住在埃及十七年,仍然不認識他的
為人,以為他會報復他們,而且不敢親自對他講,還要請人
傳達。他的內心感到很辛酸,本是同根生啊!只有他們當初
出賣他,他怎會出賣他們呢?

　　他的哥哥們聽到約瑟哭了,又親自來俯伏在他面前,說:
「我們對不起你,我們願意成為你的僕人。」

　　約瑟流著淚安慰他們說:「不要害怕,我豈能代替神呢?」
他的意思是他不會代替神去執行刑罰、或報復。

　　「從前你們的意思是要害我,但神的意思原是好的,要
藉著我保全許多人的性命,成就今日的光景。現在你們不要
害怕,我必養活你們和你們的婦人孩子。」約瑟再三保證自己

不會以惡報惡，並且親切地安慰他們，而且用實際的行動來表明他的愛。

約瑟和他父親的眷屬都終生住在埃及，幾年後，約瑟的兩個兒子以法蓮與瑪拿西都結婚了並生了孩子，約瑟還可以看見以法蓮第三代的子孫；他也常抱著瑪拿西的孫子——瑪吉的兒子在膝上玩。他很快樂的和兒孫們同住，享受含飴弄孫的天倫之樂。

約瑟年紀也老邁了，他快死以前，還勸勉鼓勵他的弟兄們說：「我要死了，但神必定看顧你們，領你們從這地上到祂起誓所應許給亞伯拉罕、以撒、雅各的迦南美地。」

這時約瑟已經是一百一十歲的老人，距離他十七歲被拖出坑賣人為奴，已經九十三年。八十年前，他初次晉見埃及法老時，剛從監牢出來。以後為埃及儲糧、建倉、賑災、使全國人民免除飢餓，建立偉大的功勳。六十年前他遵守父親的遺命，派遣大隊的人馬，將父親的遺體送回迦南地安葬祖墳，如今他垂垂老矣，圍繞他的是兒、孫、曾孫滿堂，他也看到猶太人在埃及繁殖迅速，已經有安土重遷的念頭，雖然埃及人已經開始厭惡他們，逼迫他們，即使他們想逃回迦南地，這麼一大群的人又如何走出埃及呢？而且後面還有埃及的軍兵戰車的追擊。但是約瑟的心中充滿了「信」、「望」、「愛」，他「相信」他們在埃及是客旅，神「愛著」他們，有一天神會照著祂對亞伯拉罕、以撒、雅各的應許，帶著他們返回賜給他們的迦南美地，他們自己要成為國家。所以他心中存著

「希望」，與他父親雅各一樣，叫子孫起誓，有一天回迦南時一定要帶他的骸骨，他不容許死亡攔阻他繼承那塊迦南美地，無論相隔多少年，他的骸骨總要搬到那裡。

他說：「神必定看顧你們，你們要把我的骸骨從這裡搬回迦南地。」約瑟的遺囑對以色列人來說是何等寶貴，他把回迦南的願望留給他們的子孫，他們存著建立一個被祝福的國家的願景，以後當埃及人虐待以色列人時，他們心中一定存有一絲希望，要出埃及，回到迦南地，還要帶著約瑟的骸骨。

大約三百年前，約瑟的曾祖父亞伯拉罕有一天在獻祭時，有鷙鳥來吃死畜的肉，他把牠們嚇跑。等到太陽西下，他竟然昏昏沉沉的睡著，他做了一個很奇特的夢，夢到陰影籠罩，景象十分驚人。他夢到他的子孫寄居在別人的土地上，又被那地的民奴役苦待四百年。後來他們必帶著許多財物從那裡出來。這個夢境果然成真，以色列人進入埃及，然後被苦待，直到摩西帶領他們出埃及。

當這位偉大的埃及宰相約瑟漸漸老去時，埃及換了新的法老，希伯來人在埃及地又強壯又會生產，嚴重的威脅到埃及人的生活，使得埃及人日益厭惡希伯來人，逼迫他們做田間各樣的苦工，包括和泥、作磚、造神殿、蓋金字塔，並且虐待他們。埃及社會已經逐漸醞釀一股恨惡以色列人的風暴，要等過了四百年，摩西才帶領以色列人出埃及時，也把約瑟的骸骨帶回迦南地去。

約瑟的一生就像晨星燦爛，他寬厚仁慈，不記別人的惡，

不想報復，饒恕別人就是寬待自己。他內心誠實坦蕩，拒絕色情的誘惑，不貪圖送上門來的美色，不在情慾中失足，活出高貴的生命。

《聖經·創世記》最後說：「約瑟活到一百一十歲，他死後，人們就用香料薰他，把他收殮在棺材裡，停在埃及。」並沒有把他下葬，一定要等以色列人出埃及時，把他帶到應許之地。所以《聖經》說：「以色列人從埃及所帶來約瑟的骸骨埋葬在示劍，……這就作了約瑟子孫的產業。」（〈書〉二十四：32）

反省與應用

一、流便本是長子,卻因和父親的妾亂倫,在家譜中不得居長子之位, 你有沒有思考犯罪對自己以及子孫的影響?

二、雅各的死帶給約瑟和埃及什麼影響?你認為面對生命死亡會給你 什麼反省呢?你為自己的死亡做了哪些準備呢?你會驚慌還是你 有信心會到天國一個更美的家鄉呢?

三、雅各前半生都是要占人便宜,想要抓什麼好處,晚年卻祝福法老, 祝福兒子, 以祝福作終, 他的改變對你有什麼影響?

四、約瑟眾兄弟對以往的罪行抱怎樣的態度?當你犯了錯誤時, 你是 勇於接受, 並向人道歉? 還是堅持己見? 不肯承認過失呢?

五、當你和家人、同學、同事間有摩擦,你應用什麼方式解決較為理 想呢?

六、約瑟的屍首為何停放在埃及地而不馬上送返迦南地安葬呢?約瑟 臨終的囑咐表明他是怎樣的人?

第十章

約瑟的生命特質

約瑟是聰明的，
他從神得到饒恕的力量，
不讓「恨」的毒根傷害他的內心，
腐蝕他的思想、情感，
挫敗他內心的清明。

一個人要成功，一定擁有許多的生命特質與要素，有些人肯吃苦、耐勞、任勞任怨，有些人誠實、認真、執著。約瑟三十歲以前歷經坎坷，被嫉妒、被賣、為奴、下監，三十歲成為宰相，他經歷患難，忍受痛苦，最後能夠貴為一國宰相，他有他生命的特質，值得我們學習的。

一、在饒恕中喜樂

他被哥哥出賣，淪為埃及的奴隸，被波提乏的妻子陷害，降為不見天日可恥的階下囚，為酒政解夢，卻被遺忘，只得繼續待在獄中不得自由。他對這些傷害他、辜負他的人，沒有怪罪、沒有懷恨、沒有報復，只有原諒、饒恕。甚至面對幾乎毀了他一生的手足，他的話更是感人，他不僅原諒他們，還安慰他們說：「不要因為把我賣到這裡自憂自恨。這是神差我在你們以先來，為要保全生命。」他把一件醜陋的手足相陷害的事情，提升到「是神差我在你們以先來」，「差我到這裡的不是你們，乃是神。」他認為人在搞鬼，但是在神施恩的手下，卻能巧妙的化為生命的祝福。可是很多人想不通這個道理，喜歡用自己的手沾滿血腥，親自報復。對一個不忠於愛情、與自己有金錢糾紛的人，有為小嫌隙的人，解決兩人的問題，是用刀殘殺他、潑硫酸、氣不過引爆瓦斯，甚至慘烈的抱著孩子跳樓、跳海，留下許多痛苦與悔恨，甚至牽連無辜的別人。面對別人不忠、不信的錯誤，何苦還要折騰、懲

罰自己？但是饒恕人並不是一件容易的事。《聖經》中還要我們原諒別人七十個七次。

　　我認識一個二十出頭的女孩，她看來好像枯乾的花朵，臉都是黑的。有一天我和她閒聊問她：「妳為何看起來好像很不快樂的樣子？」她嘆一口氣，說：「我家裡有個東西會走來走去。」原來她指的是異物。

　　接著她告訴我，以前打工地方的女同事，對她很好，她也把她當姊姊、當知己看。有一天她告訴女同事，她發現公司有個男的多帥，真叫她動心等等。她一再問女同事，會不會喜愛那個男士，他們是否是男女朋友等等。但男女倆方都一再否認雙方是愛人。所以她就投入感情，還要去請教這位女同事感情上的疑難雜症。

　　幾個月後，男士與女同事兩人竟然結婚了。她才發現自己像傻瓜一樣被愚弄，內心受到嚴重的傷害。可是很不幸的是，這位女同事不久就發生意外身亡，她因為恨她，所以也沒有參加喪禮。

　　我聽她講完，內心真憐憫這個在感情上受傷的孩子。我告訴她，「她」一定也有苦衷，或許剛開始他們之間的感情也不想曝光啊，也或許妳愛她的男友，她還很痛苦呢，她不想傷害妳，沒想到真的卻傷害妳，總之，何必跟一個不在的人計較呢？

　　她還是很氣的說：「別人也是這麼勸我何必傻呢？可是我就是恨她，為什麼她要騙我？」「妳為什麼不去恨那個男的？」

她沉默不語。

　　情感受到嚴重的傷害，連死人都不原諒，有些是人財兩失，或導致家庭破碎，裡面的毒根該有多深。可見原諒別人是需要一股充沛愛的力量，才能做得到。而饒恕別人，就是善待自己。

　　約瑟是聰明的，他不讓「恨」的毒根傷害他的內心，腐蝕他的思想、情感，挫敗他內心的清明。他從神得到饒恕的力量，當他想到是神的手，在掌管人一生的時候，他相信人是無法與神相對抗的，神要幫助我們，人能把我怎麼樣呢？神是能叫我們擡起頭來的。

二、拒絕活在消極和失敗者的思想中

　　約瑟被哥哥們出賣到埃及，因為哥哥嫉妒他，看來好像自己的人際關係很失敗，才有人要想法子對付你。約瑟成為奴隸後，沒有自怨自艾，活在苦毒當中，他不被消極的思考，失敗者的想法所綑綁住，他不要負面的觀念毀滅自己，他不覺得自己是沒有用的人，只是沒有時機。他積極的相信神的應許，神與亞伯拉罕立約，他的子孫必成大國，他們要承受地土，要得迦南為業，他記住自己年輕時的夢，連日月星辰都要跪拜他。他活在積極樂觀中，長存著盼望，以至於當奴隸的時候，他是個出色的奴隸，老闆信任他，一切家務事，主人都不知道，除了自己吃飯的事外，什麼事都託付他。他

當囚犯的時候，司獄也信任他，什麼事都讓他管理。

三、不輕易犯罪

　　很多人對罪惡都不太敏感，尤其這是個物慾橫流，色情氾濫的時代。許多的婚外情，對人生伴侶的不忠，傷害彼此的身體與雙方配偶及家人。常有的網路一夜情，或是換妻等的行為，或到大陸彼岸經商，受不了異地的寂寞，只要大陸女子稍微投懷送抱，就發生在臺灣的黃臉婆等無人的悲慘境遇。《聖經》說：「人所犯的，無論是什麼罪，都在身子以外，惟有行淫的，是得罪自己的身子。」（〈來〉十三：4）很多人貪戀一時的男歡女愛，不明白背叛婚姻伴侶，所引發的罪惡是何等可怕，輕易去嘗試，結果身敗名裂，禍及子孫數代。

　　筆者曾與許多成長在因為婚姻背叛的單親家庭中的孩子深度交談過，發現大部分單親家庭的孩子都有共同的不安全感，對婚姻有恐懼感，甚至對人沒信任感，他們不曉得自己的人生伴侶哪天會和自己的父母一樣，扮演不忠實的角色，然後拋棄自己。他們的內心也不太願意原諒背叛的一方。

　　更糟糕的是這種對婚姻不忠的行為好像會遺傳，常常生活在父母婚姻有外遇的家庭中的孩子，他們成長後，也很容易步上上一代的錯誤，及容易對婚姻不忠，使子子孫孫都活在婚姻破碎的陰影、痛苦裡。

　　像約瑟遇到波提乏的妻子主動送上門來，而一再勾引他，

天天試探他，如果不是堅強的意志和人生信仰者，很多人早就
棄械投降了。約瑟因為有神與他同在，賜福他，他不但不能違
背信任他的主人波提乏，而且他說：「我豈能行這大惡得罪神
呢?」他不做忘恩負義的人，更不做罪惡的奴隸，縱使主人可
能永遠都不知道這件事，但天上的神看得很清楚。約瑟是個真
自由的人，所謂真自由就是當引誘、試探在你面前時，你有能
力說："No!"不被罪惡牽著鼻子走，能夠勝過罪惡的權勢。

　　《聖經》對行淫有極嚴厲的警戒與處罰，提醒以色列百
姓不可在男女關係上犯罪。「若遇見人與有丈夫的婦人行淫，
就要將姦夫淫婦一併治死。這樣，就把那惡從以色列中除掉。」
（〈申〉二十二：22）

　　「與婦人行淫的，便是無知；行這事的，必喪掉生命。」
（〈箴〉六：32）「你們要逃避淫行。」（〈林前〉六：18）

　　「婚姻，人人都當尊重，床也不可汙穢；因為苟合行淫
的人，神必要審判。」（〈來〉十三：4）

　　一個想要在人生成功，必須先在婚姻上忠實，因為約瑟
的聖潔自守，逃避淫行，使他承受祝福，他的道德沒有瑕疵，
最後他能娶得埃及最高祭司的女兒。

四、盡忠職責

　　約瑟無論居哪個角色都是盡忠盡責，在迦南地時，父親
擔心哥哥們的安危叫他到示劍尋找正在牧羊的哥哥們，明知

示劍那地方的人與他們有仇，他還是快快樂樂的出門去。在
示劍找不到哥哥們，他寧可多走一天多的路程，到多坍去，
因為要忠心父親所託付的。他被賣到波提乏家時，身為卑微
的異族奴隸，他認真的盡他的職責，使老闆波提乏賞識他，
把所有的事託付他，連波提乏的妻要勾引他時，他都嚴詞拒
絕，他對他主人的妻子說：「看哪，一切家務，我主人都不知
道，他把所有的都交在我手裡，在這家裡沒有比我大的；並
且他沒有留下一樣不交給我，只留下了你。」約瑟對他的主人
忠心到底。等他被誣告下到監牢，他仍沒有自暴自棄，他也
是任勞任怨的在監裡服刑，「司獄就把監裡所有的囚犯都交在
約瑟手下；他們在那裡所辦的事都是經他的手。凡在約瑟手
下的事，司獄一概放心」，約瑟盡於職責，在監獄裡，都得司
獄的賞識。他也關心做夢的埃及酒政與膳長，親切的為他們
解夢，縱使酒政最後遺忘他，他仍沒有怨言。

　　他到埃及皇宮做事的時候，埃及的國勢因他有了轉變，
他被封為宰相後，大舉建倉儲存國家豐收的糧食，他忠心他
的職責，巡視所有的農田，「他從法老面前出去，遍行埃及全
地。」凡是有關災民購糧的事，法老王全交付他，等到荒災來
到，埃及全地也有了饑荒，眾民向法老哀求糧食，法老對約
瑟極其信任，法老對災民說：「你們往約瑟那裡去，凡他所說
的，你們都要做。」

　　因為饑荒甚大，全地都絕了糧，甚至埃及地和迦南地的
人，因那饑荒的緣故都餓昏了。每個人都蜂湧而來，要跟約

瑟買糧食，約瑟打開各地的倉庫，每天非常忙碌。他想盡辦法，來處理埃及人的困難。

在約瑟管理埃及十三年後，法老已經掌握了全埃及土地的控制權，所有土地都變成法老的封地。因為在當時的社會裡，一個人可以用他所有一切東西來付帳，最後可付的就是他的自由；這是公認的道理。以色列的律法也接受這項原則，卻加上一則可以贖身的修訂辦法。所以百姓有困難時，可以以土地來抵押，約瑟的土地策略，為法老贏得一切的土地。

約瑟處理的方法是這樣：

1. 他准許埃及人和迦南人用銀子購買糧食，因此他收聚了埃及地和迦南地所有的銀子，就是眾人糴糧的銀子，約瑟忠心耿耿的把所有銀子帶到法老的宮裡。

2. 當埃及人和迦南地的銀子都花盡了，埃及眾人都來見約瑟，說：「我們的銀子都用盡了，求你給我們糧食，不然我們會餓死在你面前。」百姓因為豐年沒有積蓄糧食，該花費的都花光了，已經陷入極大的不安，又來哀求約瑟。約瑟不忍看他們餓死，要求他們用牲畜來換糧食，說：「若是銀子用盡了，可以把你們的牲畜給我，我就因你們的牲畜給你們糧食。」於是他們把牲畜趕到約瑟那裡，約瑟就拿糧食換了他們的牛、羊、驢、馬；那一年因換他們一切的牲畜，就用糧食養活他們。

那一年過去，大地仍是荒災，種不出任何糧食來。第二年他們又來見約瑟，說：「我們不瞞我主，我們的銀子都花盡

了，牲畜也都歸了我主。我們在我主眼前，除了我們的身體和田地之外，一無所剩。」仍是哀鴻遍野，百姓們個個面黃肌瘦，而且越來越嚴重了。

為了存活，百姓不斷的哀求：「你何忍見我們人死地荒呢？我們用我們的地和你交換糧食，我們和我們的地就要給法老效力。又求你給我們種子，使我們得以存活，不致死亡，地土也不致荒涼。」

於是，約瑟為法老買了埃及所有的地，埃及人因被饑荒所迫，為了存活，已經考慮不了那麼多，各人都賣了自己的田地；那地就都歸了法老。

至於百姓，約瑟叫他們從埃及這邊直到埃及那邊，都各歸各城。惟有祭司的地，約瑟沒有買，因為祭司有從法老所得的常俸。他們喫法老所給的常俸，所以他們不賣自己的地。約瑟對百姓說：「我今日為法老買了你們和你們的地，看哪，這裡有種子給你們，你們可以種地。後來收割糧食的時候，你們要把五分之一納給法老，四分可以歸你們做地裡的種子，也做你們和你們家口孩童的食物。」約瑟把所有種子給他們，讓他們在旱災後就有收成。土地也不會荒涼。

他們能夠存活，非常感謝約瑟說：「你救了我們的性命。但願我們在我主眼前蒙恩，我們就作法老的僕人。」

於是約瑟為埃及地定下常例，直到今日：法老必得五分之一，惟獨祭司的地不歸法老。

五、誠實善良

約瑟是個誠實的人，他十七歲時和哥哥們一起牧羊，他將他哥哥們的惡行，報告給他的父親。他被關在牢裡時，遇到膳長做了夢，無法瞭解夢中的情形時，約瑟聽到時，夢中是個噩耗，但他仍很誠實的告訴他：「三天之內，法老必斬斷你的頭，把你掛在木頭上，必有飛鳥來喫你身上的肉。」

當約瑟歡迎他的兄弟到埃及的時候，約瑟設法在歌珊地安頓他們，然而埃及人厭惡牧羊人，而約瑟一家又是擅長說謊言的，也在謊言中，受傷受苦。所以約瑟帶領他們去見法老王以前，約瑟先教導哥哥們誠實面對法老，誠實的告訴他的祖宗都是牧羊的，沒想到誠實的代價竟是法老不僅批准他們住在水草肥沃的歌珊，而且還打算聘請他的哥哥們看管法老的牲畜。當他們懊惱自己他們當年出賣約瑟的罪行時，善良的約瑟總是安慰他們，甚至父親死後，哥哥們擔心以後沒有依靠，恐怕約瑟會趁機報復他們，約瑟聽人來傳這些話後，就流出淚來。

六、信守承諾

約瑟是個值得託付事情的人，他父親未死前，很慎重的要求他發誓，要把骸骨從埃及搬回迦南地。所以他雖政務繁

忙，離開迦南後從未回到故鄉，為了歸葬雅各，他稟報法老，懇請准予回迦南地去送葬，他的承諾與孝心，實在感人。所以他的父親祝福他：

　　是多結果子的葡萄樹，

　　是泉旁多結果子的枝子，

　　他的枝條探出牆外。　　　　——〈創〉四十九：22

　　神要給他豐富的祝福，東方人稱兒女眾多為有福，《聖經》也說：「兒女是耶和華所賜的產業；所懷的胎是他所給的賞賜。少年時所生的兒女好像勇士手中的箭。箭袋充滿的人便為有福；他們在城門口和仇敵說話的時候，必不至於羞愧。」（〈詩〉一二七：5）而這些福都降在約瑟身上，他父親祝福他：「那全能者必將天上所有的福，地裡所藏的福，以及生產乳養的福，都賜給你。」這些福約瑟是受之無愧。

　　〈創世記〉開宗明義的經文是：「起初神創造天地……」，但結語卻是：「把他收殮在棺材裡，停在埃及。」上帝的計畫絕對不止於此，四百年後有摩西帶以色列百姓出埃及，「摩西把約瑟的骸骨一同帶去」，離開埃及（〈出〉十三：19）。

　　親愛的朋友，當你讀完這本《聖經》人物傳時，你是否也願意自己的人生活得精彩、尊貴、堅強，生活在被祝福當中，好像多結果子的葡萄樹，讓我們也學習擁有約瑟的生命特質。

反省與應用

一、讀完本書，我是否願意像約瑟一樣輕易原諒別人而且常常喜樂？

二、我是否每天拒絕消極和失敗的思想，而是活出積極的人生？

三、對罪惡的引誘，我是否有能力說不？

四、對老闆、上司交待我的事，我是否能盡忠職責？

五、誠實善良是美德，我是否願意以誠實善良對待家人、同事？我答
　　應別人的事，是否真能信守承諾？

宗教文庫

堅定的信仰，高尚的道德品格

大乘佛教思想　上田義文／著　陳一標／譯

　　大乘佛法的義理精闢艱深，諸如「色即是空」及「生死即涅槃」等看似矛盾的命題，更為一般人所無法清楚地理解；而如果我們不先將這些基本概念釐清，則勢必求法無門。本書以清晰的思路帶領大眾思考大乘佛教的基本概念，並對佛學研究方法提出指引，使佛法初學者與研究者皆能從中獲取助益。

佛教經典常談　渡辺照宏／著　鐘文秀、釋慈一／譯
　　　　　　　　　　　　　　　　陳一標／校訂

　　作為宗教文學或哲學著作，佛教聖典當然具備豐富多樣的內容，縱使在教戒、傳說、寓言、笑話、小說、戲曲、歷史、地理、民俗、習慣等人類所有的生活面，像佛教聖典這樣廣涉多方且富於變化者，確為世界文獻所僅見。本書以淺易明白的方式來介紹佛經的成立及現存的主要經典，輕啟您對佛門經典的常識。

經典禪語　吳言生／著

　　禪宗在表現生命體驗、禪悟境界時，於「禪不可說」中建立起一個嚴謹而閎大的思想體系，而本書正是通向禪悟思想之境的一座橋樑。藉由禪師們的機鋒往返，剝落層層的偏執，使你寸絲不掛，讓你在耳際招架不住的困思之中，體證修行與生活一體化的澄明之境，並嗅聞出禪門妙語的真實本性。

經典禪詩　吳言生／著

　　禪宗詩歌是一筆豐厚的文化遺產，從創作主體上來看，包括歷來禪僧創作的悟禪之詩，和文人創作、帶有禪味的詩歌兩大類，而本書所探討的經典禪詩是指前一類。禪宗詩歌與純文學性的詩歌不同，它的著眼點不在於文字的華美、技巧的嫻熟，而在其禪悟內蘊的深邃、豐富；因此，藉由禪詩的吟詠，深足以豐饒身心、澄明生命。

宗教文庫

學習開放傾聽，洗滌心靈，友善分享

經典頌古　吳言生／著

禪宗運用了電光石火的公案，以及吟詠公案的頌古來表現其思想體系。頌古的本意，在於使讀者從諷詠吟頌之間體會古則的旨意，是禪文學的一種形式。本書在總體把握禪宗思想的基礎上，立足於禪本義的立場，對吟詠百則公案的頌古進行分析、欣賞，讓自古以來即喧囂禪林的經典頌古廓然朗現。

佛言佛語──佛教經典概述　業露華／著

佛教經典浩如煙海，除一些佛門高僧外，一般人很少能遍閱藏經。為此，本書主要對佛教經典，特別是對中國佛教的經典作一些歷史性及概要性的介紹，使讀者閱讀本書後，能對佛教經典的產生、內容及在中國社會的流傳情況有更深的了解。

佛教入門　三枝充惠／著　黃玉燕／譯

佛教一直以宗教的立場來開導大眾，使人得到精神安慰。再加上佛教能建立思想，使其成為人們實踐的支柱，這更對各種優異文化的形成、深化、發展等，有很大的貢獻。本書全部圍繞在「何謂佛教」這個主題上，對於佛教入門所必須述及的各種問題，以平實的文字做忠實的敘述，使佛教的整體面貌得以開顯。

宗教學入門　瓦鄧布葛／著　根瑟‧馬庫斯／譯

人類的宗教呈現分殊多樣的面貌，這是人類精神所展現的多元現象，也是人類文化的豐富遺產。人類總在理性的盡頭走上信仰，然而，站在人文精神與知識的立場，我們應如何去思索宗教現象，以及探尋關於宗教的可靠知識呢？本書主張把宗教現象視作人類現象來研究，分別從歷史、比較、情境以及詮釋學來充實其內涵，系統性地從幾種不同的學科與途徑來介紹當前的宗教研究，企使宗教建立一門知識性的學科。

宗教文庫

愛與和平的心靈獻禮，生命與價值的融合

何謂禪　　鎌田茂雄／著　昱　均／譯

生活在現世的人們，忙碌異常，有如走馬燈似地不停的工作，最後面臨死亡。此時，我們應該安靜地凝視自己的身心，傾聽它們的需求。禪，不僅可以解開心的煩惱，更能調適身體的問題；簡單地說，禪可以匡正生活。若您想使身體保持理想狀態、心胸悠然寬廣，不妨就由閱讀這本禪書開始吧！

中國民間信仰與道教　　劉仲宇／著

中國傳統文化中，儒釋道號稱三教，是中國文化的主要支柱。說支柱，同時也就意味著它們不能囊括全部的中國文化。在民間，還有每日每時在日常生活中大量重現的俗文化。民間信仰即俗文化的一部分，對它的了解，是理解民眾精神生活的重要途徑，本書詳述中國民間信仰與道教的互動與發展，使讀者能更加理解鮮活的中國文化。

覺與空──印度佛教的展開　　竹村牧男／著　蔡伯郎／譯

「覺」與「空」，無疑是一切學佛的實踐者與研究者最關注的兩個課題，然而這兩個課題的內容，並不容易說得清楚。事實上，正如作者所說，釋尊之後佛教的種種發展與流轉，無非是圍繞於對這兩個主題的不同闡述與理解。而此書正是以這兩個課題為主軸，透過作者精闢拐凖的論述，來探討從釋尊以來佛教的發展與流轉。因此，從中心思想而言，本書有其一貫、鮮明的主旨，而從結構與內容上來說，則可視為是一部生動、簡明的佛教史。

茅山道教上清宗　　鍾國發／著

不了解上清宗，就不能真正了解茅山道教；不了解茅山道教，就不能真正了解中國道教；而不了解中國道教，就不能真正了解中國文化和中國人。本書深入淺出地描述以神仙理想和道教活動為主線的歷代茅山文化風貌及其演進，涉及仙山形勝、宮觀格局、隱居心態、存想體驗、洞天福地、山中宰相、丹鼎爐火、符、印劍、宗師統系、教門盛衰等諸多趣聞，並對道教史上的一些疑難問題提出個人見解，可謂雅俗共賞。

國家圖書館出版品預行編目資料

奴隸變宰相的約瑟／蘇淑芬著.－－初版一刷.－－
臺北市；東大，2003
　　　面；　　公分－－(宗教文庫)

ISBN 957-19-2730-9　（平裝）

1. 約瑟(Joseph,Son of Jacob)－傳記
2. 聖經－舊約－傳記

241.199　　　　　　　　　　　　　　　92006053

網路書店位址　http：//www. sanmin. com. tw

© 奴隸變宰相的約瑟

著作人　蘇淑芬
發行人　劉仲文
著作財　東大圖書股份有限公司
產權人　臺北市復興北路386號
發行所　東大圖書股份有限公司
　　　　地址／臺北市復興北路386號
　　　　電話／(02)25006600
　　　　郵撥／0107175-0
印刷所　東大圖書股份有限公司
門市部　復北店／臺北市復興北路386號
　　　　重南店／臺北市重慶南路一段61號
初版一刷　2003年5月
編　　號　E 24001-0
基本定價　參元肆角
行政院新聞局登記證局版臺業字第〇一九七號

ISBN　957-19-2730-9　（平裝）